人間の時間

時間の美学試論

太田直道

花伝社

人間の時間——時間の美学試論◆目次

序　時間の森へ

人間は時間を生きている。このことが人間の生の第一の原点である。時間によってわれわれの人生は測られ意味を与えられる。到来し直面し過ぎ去り行く時間がわれわれの人生そのものを形づくる。

この時間が人間の生の大動脈だということを知る人は少ない。人はまずもって空間的な世界のなかを生きていると考えているのだ。忙しく立ち働く蟻のように行ったりきたりすることが人生であるとでもいうかのように。

人間にとって時間とは何か。生の流れである。生きることの始まりから終りまでの変化の全体であり、誕生と死とのあいだのすべての充実である。時間とは人生であり、生涯である。人は空間を生きる前に時間を生きている。世界に臨む前に時間のなかに身をおいている。時間とは精神の呼吸なのだ。メルロ＝ポンティは「生きられた世界」といったが、われわれは「生きられた時間」を考えよう。

時間が等速の直線運動だと考える人はよほど物理に囚われている。時間とはそれ自体が生命であり、精神であり、輻輳する変容なのである。眼に見えるものはことごとく空間のうちにある。眼に見えぬものはことごとく時間のうちにある。時間は眼に見えないもう一つの世界なのだ。より根源的であり、より生命と直結した世界なのである。空間において人は戻ってくることができる。時間は取り戻すことができない。時間は運命的である。人生とは波に運ばれる一葉のようなものであろう。運ぶ波が時間である。なぜ時間があるのか。人が生きるからである。人が生きないとき、そこにあるのは時間ではなく、物理的運動である。時間から何が見えるか。人間が生きるその姿である。

I 瞬間

1　瞬間とは何か

瞬間とは何か。瞬間を時間のなかのたんなる一点と考える人は、その決定的な意味を見落としている。時間はひたすら流れて留まらないが、瞬間は流れ去らない。瞬間は時間のなかに姿を現すが、それ自体は時間のうちにある超時間である。瞬間はいわば時間から抜け出した時間であり、時間の流れの一切に無関係である。

瞬間はたんなる現在とは異なる。現在は「今」であるが、その今は、過ぎゆく「今」であり、いつも「今」であるのに、同じ「今」ではない。いかなる時でもその時は「今」であるから、「今」はそのものとしては何の変哲もない。たんなる「今」は物理的な流れにすぎず、その流れには瀬もなく淵もない。「所用の今」もあれば、「怠惰な今」や「無気力の今」もあるし、「気まぐれの今」だってある。むしろたいていの「今」はそんなものである。現在はそれだけではたんなる通過点であり、過去と未来の接点であり、未来が過去へと反転する折り目にすぎない。しかしその現在は唯一の現存在する時間である。過去も未来もそれだけでは存在の資格をもたない。自然界にあるものはひたすら現在であり、過去も未来もそこにはない。過去は在ることをすでに終えたものであり、未来はまだ無いものである。それゆえ、過去と未来とは客観的にはすでに消え去り、あるいは未だ現われない時間である。それでも過去と未来とが存在するとすれば、それらはどこに存在するか。人間の心の内に存在するのである。

今は瞬間である。しかし、今と瞬間とは異なる。今は時間の流れのなかの一つの点であり、他の時と対比されるものであるが、瞬間はあらゆる流れと比較を超えている。この意味で、瞬間は「絶対的な今」、「永遠の今」である。瞬間は過去や未来のうちに身を置くことができない。瞬間もまた人間精神の内部に存在するものであるが、現在とのみ張り合わせられ、重ねられることができるのであり、他の時と一致することはできない。それゆえ或る特定の現在は瞬間と一つになることができる。瞬間は現在という時間と一体になることができるが、しかし現在のなかに溶け込むのではない。瞬間はそれが現在であったその瞬間に、その現在から他の世界（もはや時の流れることのない超時間的世界）へと身を翻すのである。ニーチェは、瞬間という「門」のむこうに「過去」という永遠の下り坂と「未来」という永遠の上り坂が続いている様子を描いているが、これはあまり適切ではない（F・ニーチェ『ツァラトゥストラはこう語った』「幻影と謎について」、著作集第9巻、理想社、二四二頁）。彼がくぐり抜けた「門」は瞬間ではなく現在であったからこそ、その先には過去と未来とが確かにあったのである。瞬間の門の先には過去も未来もない。そこには永遠そのもの、否、永遠という名の心の拡がりが存在する。瞬間はこの永遠のなかに身を隠し潜んでいる。心の無限の拡がりとしての永遠のなかに、である。

それでは瞬間とは何か。

瞬間とは、あらゆる予測と推量の圏外にあって、自己を超える何ものかが出現することである。瞬間とは、「それ」を見、「それ」に出会った人のみがその実在を知ることができるものである。瞬間は、あらゆる思量を超え、あらゆる比較をも超えている。瞬間は超絶的である。瞬間においては、その一点が同時に全体であり、その一瞬が永遠である。瞬間は、一と全との合一である。

瞬間は、その不可思議さにもかかわらず、姿をもち、ありありと映し出されるものである。映像なき暗黒の瞬間がある。そのとき瞬間は、見えざる虚空から不意に聞こえる響きあるいは声のようなものである。

瞬間は、隕石の落下である。それは次の瞬間には地中深く隠れる。

瞬間が現れる場所は、自己の内部以外にはありえない。したがって瞬間は、自己が自己の内部で出会う何ものかである。

瞬間は、客観的な外の世界には現れない。したがって瞬間は、他人によって経験されたり気づかれたりすることがない。

瞬間とは、それを体験することによって自己が決定的に変更させられるものである。

決定的瞬間

このような瞬間は誰もが経験することのできるものである。しかし大抵の人びとは現代生活の多忙さに巻き込まれてそれを経験することを忘れている。瞬間は多忙から逃げ出すのだ。瞬間は静かな夜に不意にやってくる。キルケゴールは瞬間をことさら「決定的瞬間」と呼んだ。彼によれば、瞬間は音もたてず密かにやってきて、突如襲い掛かる。

決定的瞬間は、他とは異なる仕方でもたらされる。猛獣が獲物にとびかかり、鷲が急降下して襲うような仕方で、決定的瞬間もまたもたらされる。とつぜん、一点に集中してである。……はじめは静かだ――次にその静かさが破られる。(S・キルケゴール『瞬間』、1855、著作集第19巻、白水社、一三頁)

他方で、バシュラールはこのような瞬間を「垂直の時間」と名づけ、あるいは「詩的時間」と呼んだ。それは「すべての真実な詩の中に、停止した時間、尺度にはしたがわない時間、……特に『垂直的』と呼んでみたい時間の要素を見出すことができる」(G・バシュラール『瞬間と持続』、1932、紀伊國屋書店)からである。詩の言葉は流れではなく重なりであり、語られた言葉、情景を一点に凝縮させて描きだす言葉である。その「法則」はしたがって「垂直性、つまり深さあるいは高さ」でなければならない。

瞬間には内容がある。瞬間は、或る「いま」において或る内容が姿となり、言葉となり、雷鳴の轟きとなって、私のあらゆる思量を超えて胸中に出現し、そのすさまじさによって私を押し倒す。

瞬間には内容がある。今、私が瞬間に遭遇したとしよう。そのとき、一つの閃光に打たれたのである。そして、その全き光のなかに何かが浮かび上がったのである。この閃光は人から視力を奪うほどのまぶしさを伴う。しかし、次の瞬間、そのまぶしさのなかから或る不可思議な輪郭と色彩とが湧出する。あたかもすべての光景が一点に集約されたかのような、すべての文字が一文字に圧縮されたかのような、そのような凝縮された点として映像が浮かび上がる。

それゆえ、瞬間のなかには或る映像が巻き込まれている。瞬間とは限りなく薄い皮膜状の映像が折り畳まれたものである。それゆえ瞬間には内容がある。瞬間はその内容によって私を打つ。私は打たれて振り向いたその一瞬何かを見る。映像皮膜が一瞬にして繰り広げられる。そしてそれを見た瞬間、私はその或るものによって時間の外に放り出されるであろう。あたかも時間そのものが凍結したかのように、一切が静止画像であるかのように私の前に立ちはだかるならば、そこには瞬間が存在したのである。

詩的瞬間

バシュラールの「詩的瞬間」に戻ろう。彼は、詩には「本質的同時性の原理」が働いており、しかもそれを構成する言葉は互いに反対の感情をともに持ちながら結合していることが必要であるという。このために詩的瞬間は複合的瞬間であり、内部にアンビヴァレンス（反対両立）の状態をもつという。決定的な瞬間はアンビヴァレンスなのである！　瞬間においては微笑みのなかに悔恨があり、闇のなかに光がある。このアンビヴァレンスは対立ではない。対立とは内部的な要素であったものがすでに明瞭なものとなり分離した状態であるから、対立命題は時間の流れのなかにある。対立は瞬間を形成しない。反対のものが一つとなっているかぎりで瞬間が生まれるからである。他方で単純なものも瞬間を形成しない。瞬間は必然的に複合的であり、波乱に満ちながら内に凝縮し、対立を秘めながら分裂してはならないものである。

それゆえ瞬間とは複合的なものの同時性であり、諸感情がそろっていっしょに同時存在する一点である。瞬間においては一度にすべてが押し寄せる。瞬間は、すべての可能性を巻き込んでおり、すべてを同時に映像の重なりの総和のなかに表すがゆえに、その一瞬ひたすらその眩しさによって見られることを拒否するのである。

瞬間は心に消えることのない映像を焼き着ける。そして、この印刻された映像が何であるかを理解するためには、私は再び時間の中に戻らなければならない。しかし時制的にはこの「瞬間」は時間によって押し流され、過去のなかへと消えてゆくから、私がそれを捉えようとしても掴まれたものはもはや瞬間ではなく、過去の記憶にすぎないであろう。

瞬間は超時制的であるから、そこには過去も未来もない。瞬間の映像は心に決定的に刻まれるから、摩耗することがない。瞬間はたとえ意識から消え去ったかと思われても、何度も、しかも不意に脳裏にその完全な姿で反復される。しばらくは頭から離れず、強烈だと思われた映像もそのうち薄らいで忘れられてしまうようでは、「その時」は瞬間ではなかったのである。瞬間の映像は、私の意図によって造られるものではなく、私が制作するものでも構想するものでもない。むしろ瞬間において私はカンバスとなる。私は立ち止まり、静止する。瞬間の絵筆が私に向かって不意に描き寄せるのである。

瞬間は永遠の絵の具を用いる。そこに描かれた絵像は私には大事件であるが、客観的には何ものでもなく、一つの過ぎ去りゆく光景にすぎないであろう。瞬間を経験するのは必ず単独においてであり、この経験を私は隣人と共有することができない。してみれば、瞬間の映像は客観的な光景ではなく、私が自ら垣間見た像でさえなく、私自身の顔前に不意に突きつけられた鏡像のようなものであろう。自己がそれであるところのものが、或る「今」において突如「他性化」され、映像化されたものが瞬間に他ならないだろう。

2　瞬間の道徳

ソクラテスは、繰り返しダイモーンの声に打たれて、その場に立ち尽くしたと語っている。不意に絶対的な命令の声が凛と響き渡り、そのために身動きできなくなったというのである。彼がそのとき聴き取った声は「瞬間道徳」である。彼にとって、道徳は主体的な行為においてあるではなく、絶対的な内なる命令に聞きしたがうことのうちにある。その瞬間、彼は時間の流れからつまみ出され、超時間的な世界に放り出されたのである。「ところが彼は夜が明けて太陽が昇るまで立ち続けた。それから太陽に祈りを捧げた後、立ち去ったのだった」（プラトン『饗宴』、久保勉訳、岩波文庫、一四六頁）。瞬間が完了したのだ。

ソクラテスの行為は道徳が思慮や意志の結果生まれるものではないことを示している。「あらゆる道徳は瞬間的である」（バシュラール）。人間の真の行為は瞬間の響きのなかから生まれるのである！瞬間はたんに眺められるためにあるのではない。瞬間像は生成の最初の機会となる。人をどこへも導かない瞬間像というものは意味がなく、ありえようもない。「行為とは瞬間的である。……瞬間的なものが行為である」（バシュラール）。瞬間の「襲撃」を受けて行為へと屹立する人は道徳の意味を了解するであろう。道徳とは永遠的なものが突入してくることであり（キルケゴール）、その烈風を身に受けることによって自ら「新しい人」になることである。

内的生起

このような瞬間にたいして、われわれは一体どのように考えればよいのか。人は瞬間を外的な出来事のように思い、「勝利の瞬間」とか「決定的瞬間を撮った」とかいう。しかしここで語られた瞬間は出来事の時刻を意味するにすぎない。本当の瞬間は社会的事件でも自然の現象でもない。瞬間は内的なものである。心が或るものに不意に出会うこと、そしてそれが一瞬のうちに心に刻まれること、そのことによって生活の流れに変容が生じること、このことが瞬間であった。「勝利の瞬間」があるとすれば、それはこの勝利に歓喜した人の心において発生しているのである。

出来事としての勝利は一つの社会事象であり、ほどなく過去のものとなって去っていく。「勝利」に歓喜し感動し、忘れられぬ一瞬と受けとめたものにとってのみ、それは瞬間なのである。

そのような瞬間が訪れるのは稀であるかもしれない。気づかれないまま通り過ぎてゆくかもしれない。瞬間は決定的であり、心の大事件であるが、それは外的世界の大事件とは趣を異にしている。他の誰も気づくことがないような、ふとした相手の表情も瞬間となることがある。或る表情、たとえば相手の笑顔がそれからの私の心のベクトルを決定的に変えてしまうなら、これは大事件であり、瞬間である。それにたいして、外的な諸事情に心を奪われている人には瞬間は訪れない。真の感動を知らず、内面が不在であり、心の大事件となりようがないからである。

「ベルリンの壁が崩壊した瞬間」、東と西の人々は抱き合って喜んだという。このとき、歴史的な大事件は同時に精神的な大事件であり、彼らの心は決定的に深い刻印を受けたのであるから、まさしく瞬間である。彼らはこの瞬間を経験することによって「新しい国の民」になったのであろう。そこには一つの道徳の誕生があり、彼らに次なる行為へと立ち上がらせる力があったからである。

してみれば、瞬間とは第一に、精神における驚異、衝撃、感得、共感、発見等の直知的なはたらきを時制的に表現したものであろう。しかし第二に、それは新しい道徳的行為が企てられることであり、ひとつの人格的な力が生まれることであろう。

3　沈黙

瞬間は喧噪を嫌う。瞬間は、すべての作為が途絶え、沈黙と静謐が漂うなか、然るべきときに然るべき仕方でやってくる。沈黙と瞬間との深い関わりを、おそらくもっとも見事な表現で描き出したものは、キルケゴールの宗教的講話『野の百合、空の鳥』（同様のタイトルの三つの作品があり（1847/48/49、『キルケゴールの講話・遺稿集』第3・6巻、新地書房）、いずれも聖書の同じ箇所を考察したものである）であろう。彼は次のように述べる。

瞬間には沈黙が先立つ。沈黙のないところには瞬間は訪れない。「ただ沈黙のなかにのみ瞬間は存在する」。それでは沈黙とは何か。沈黙とは、しゃべらないことなどではなく、黙って待つこと、「すべてのことが適切なときに起こること」を固く信じること、「恐れとおののき」を抱きつつ一切の顕われを受け容れようとすることである。

このような沈黙は「祈り」に等しいであろう。来るべきものを待つということは、運命に身を委ねることであり、時間の流れに不満を述べないことである。自然は沈黙しているという。森は樹々のざわめきのただ中において沈黙している。海原が吼え猛るときでさえも海には沈黙が支配している。沈黙とは音がしないことではない。それは黙して大きなもの（超越者）の到来と作用を「待つ」ことである。それゆえ、自然の自然的な働きはことごとく沈黙のなかにある。

野の百合もまた黙って待っている。百合は「いつ春がくるのか」とか、「いったいいつになったら雨が降るのか」とか、「もう暑さはたくさんだ」と言いはしない。黙って待つものは欺かれることもない。待つとは、それを受け容れようとして心の用意ができていることなのだから。たとえ日照りで萎れ枯れたとしても百合は欺かれていない。「欺かれるのは小賢しいものだけである」。百合には必ず瞬間が訪れる。その瞬間が訪れたとき、百合は直ちにそのことを理解してそれに自らを合わせる。瞬間とは訪れを受け容れることであり、時間と永遠とが触れ合うことである。こうして百合は花を咲かせるのである。

百合は瞬間に出会い、そして永遠の懐に抱かれる。それでは人間はどうであろうか。人間は饒舌と思い煩いと焦燥とに囚われている。そしてこれらの「罪」を言葉で覆う。しかし人間が言葉で訴え、非難し、それどころか賛美しさえするとき、「神との関係がすぐに腐敗する」。沈黙とは神との接点(発端)を守ることであるが、お喋りをすることはこの発端からさ迷い出ることなのだ。

ちなみに、言葉と沈黙との関係についてはM・ピカートが詳細な考察を行っている(M・ピカート『沈黙の世界』、1948)。「ちょうど海の容積が陸地の容積よりも大きいように、沈黙の容積は言葉の容積よりも大きいのだ」。彼はまた、沈黙は人間の魂のなかでは美であり音楽であって、むしろ言葉のほうが沈黙に生じた亀裂のようなものにすぎないともいう。しかし残念ながら彼の魅力的な考察のなかには、沈黙と瞬間との関係についての問題が見落とされている。

百合は、自己に訪れるべき「その」時と自己の立つべき「その」処とが絶対的に与えられていることを知り、それを受け容れる。キルケゴールは、このことを「必然性から徳を作り出す」ことだという。そして百合は徳の教師だという。これは一体何を意味するのだろうか。

絶対受容と絶対歓喜

徳とは、必然性にたいして不満をいわず、作為を対置させず、絶対服従することである。必然性にたいして、人間はこれを左右することができない。ところが人間の欲望と分別はこれから免れ、これを操作できるかと思い誤る。こうして人間は愚かな過ちを犯すものに転落し、然るべき時と処からさ迷い出る。この点が百合と人間とが決定的に異なる点であり、百合と人間との絶対的な差である。徳とは作為なき単純さであり、与えられた時と処を無条件に歓ぶことである。悪徳とはこの運命の恵みに不平を鳴らし、自己に思い煩うことである。

キルケゴールは、歓びとは人が自己自身にたいして真に現在的であることを受けとめる心の姿であるという。本当の歓びは、現在を「絶対受容」の態度で受けとめ、おのれの瞬間とする時に訪れる。この歓びは、現在を一瞬のうちにとらえ、それへと敏捷に身を投げ出して、しかも確実に射当てることへの褒賞である。然るべきものに身を投げ出すもののみが、歓びを堅くもつことができるのであり、絶対的に歓ぶことができるのである。こうして彼は、絶対沈黙が絶対受容であり、絶対受容が絶対歓喜であるということを百合の態度から学びとる。

このような百合の態度こそは、彼のとらえた信仰のあり方であろう。信仰する心にのみ瞬間が訪れる。してみれば、信仰なきものには瞬間に出会う権能がないのであろうか。然りである。信仰のない処には瞬間もまた存在しない。瞬間をたんなる通過の一瞬と思い誤る人はこの信仰の概念を知らないからである。百合はこのような信仰をもっている、それどころかこのことの教師である。しかし百合は神に似ていない、と彼はいう。百合は神を思い起こさせることによって、神を指し示す小さな徴を持つのみである。

人間はといえば、神に似るどころか、まさしく相反している。人間は神の不在のもとで、自らが支配者であるような最悪の役割を演じている。そして、そのことの報いが思い煩いなのである。人間は今の境遇について思い煩い、自分の所有物について思い煩い、人間関係について思い煩い、将来の不安について思い煩う。思い煩いとは自分の思いのままにならないことについて不安と焦燥を感じることである。ところが思い煩いは作為の産物であり、人間が作為を弄するから思うようにならなくて悩むのである。作為をしないものは思い煩うこともない。

鳥はなぜ思い煩わないか

キルケゴールは再び問う。鳥はなぜ思い煩わないのか。「それは鳥がただ瞬間の中に生きているからである」。彼は聖書の「鳥は播かず、刈らず、蔵に納めない」の言葉にしたがって考えている。鳥は暮らしの思い煩いをすることがない。鳥は未来のことを愁うということがない。鳥は可能性とか決定という時間の展開のことに心を砕かない。このことは、「神的な意味では高翔ることであり、鳥の軽やかな飛翔は、完全ではないが美しいそれの象徴である」。人間はなぜ思い煩うのか。人間は意識をもつからである。意識において心は未来や過去へと翔け巡るが、これは鳥の飛翔とはまったく似ていない。人間においてはさまざまな時間が触れ合い、軋み合い、互いに絡み合って、そのために瞬間に触れることができないのである。

人間は思い煩うことによって、中間的な世界を生きる。しかし真の自由はこのような世界には存在しないとキルケゴールはいう。自由は単純な徳のうちにあり、この徳は二者択一という自由な決断（あれかこれか）のうちにあるという。神かこの世か、愛するか憎むか、飛翔するか地を這うかの決断である。この決断は「この世でもっとも危険な戦い」であるといわれる。この戦いが、思い煩いを振り切るという人間にとっては絶壁から飛び降りるほどの断念を伴っているからである。

われわれはこのようなキルケゴールの思想をどのように考えるべきであろうか。思い煩いは知性（意識）を持つ人間に固有な根源悪である。しかし人間はこれから免れることはできない。人はその意識の思い煩いのゆえについに絶対的な瞬間に触れることができないであろう。人間は意識から免れることができず、さまざまな事柄に執着し、それを素直に受けとらず、逆にそれらを比較し、捏ね回し、そして不平を言わないではいられないからである。そして、このことが人間が中間的存在者であるということの意味である。そのような人間には、これまた中間的な瞬間しか訪れない。百合の瞬間が絶対的瞬間（自然的瞬間）であるなら、人間のそれは中間的瞬間（人間的瞬間）である。それは真の瞬間ではないが、それでも精神の閃光であり、真なるものの予感であり、本源的なものへの感応である。人間もまた瞬間に触れて大慌てで心にを目覚めを覚えるのである。

問題は、現代のわれわれがこの中間的な瞬間にすら触れることを知らないということである。瞬間を忘れてひたすら時間を操作することしか考えないわれわれは、この中間的領域からさえも放擲されている。このことが現代における人間の最大問題なのである。操作的な知性が現代の人間を支配しているとすれば、われわれの心はその乾燥した機械的運動によってもはや潤いに満ちた働きをすることができず、各部は固着しあい軋み音を立てつつ伝達運動を続けるしかないであろう。人間精神には湿潤が必要であるが、現代世界の世相はこの湿潤を瞬時に吹き飛ばす熱風のようなものであろう。

4　中間的瞬間

無垢の乳児の時代をはるかに超えてしまったわれわれは、もはや野の百合と空の鳥の瞬間をもつことができない。人間に許されているのは中間的瞬間のみである。それゆえこの中間的瞬間についてもう少し考えてみよう。

瞬間は客観的事象ではない。瞬間は本来、内的な精神において生じるものであるが、そのためには時間の流れの或る一点において閃光を受けなければならなかった。この閃光のことをわれわれは外的瞬間と呼び、それにたいして精神における或る突発的状態を内的瞬間と呼ぶことにしよう。外的瞬間とは「決定的な今」のことである。「たんなる今」の総和は人生の日常経験の蓄積総和であり、人生という容器を次第に満たしていくものであるが、決定的な今は隕石の落下のように一度かぎり、しかも突如やってくるものである。ハイデガーは、「本来的な現在」に触れることを瞬視と名づけた。彼のいわゆる実存的投企の視線が送られるその瞬間という意味である。これはむしろわれわれの考える外的瞬間に対応する。しかしその内容はわれわれと彼とでははっきりと異なる。ハイデガーにおいて、瞬視とは「到来」、すなわちおのれの終末的な存在様相の迫り来ること（時熟）を見受けて、それに向かって投企し（彼はむしろ「おのれをおのれの外へと投げ出す」という意味で脱自態という言葉を用いる）、それに賭けようと決意するその瞬間の働きをいう。それは死をも賭ける決心であり、むしろ強烈な自覚の瞬間である。

　このような決意は、戦場に赴く兵士の覚悟にも似ており、あるいは終末期の病と闘う病者の勇気に重なり合うだろう。それゆえこの瞬間は「決意的瞬間」である。瞬間をこのようにとらえるハイデガーがキルケゴールを批判するのは当然であろう。「S・キルケゴールは、瞬視という実存的現象を多分もっとも鋭く見てとっていたであろうが、このことは、必ずしも、彼がその実存的な学的解釈にもそれに応じて成功したということを意味しない」（M・ハイデガー『存在と時間』、1927、原佑・渡辺二郎による註、世界の名著第62巻、中央公論社、五三三頁）。しかしこの批判はそのままハイデガーに返される。われわれは「決意的瞬間」を真の瞬間とはみなすことができない。それは意志（しかももっとも強烈な意志）を介しての自己投企であり、そのあまりに強い自覚のために「決起」にも匹敵し、「その時」は確かに到来したとしても（彼はこれを了解と呼ぶ）、その激しさのために瞬間の条件である永遠の恵みはそこでは吹き飛ばされてしまうだろう。決意者の胸中には沈黙の静寂ではなく、陶酔のファンファーレが鳴り響いている。決意の脱自は自我の滅却といったものではなく、日常的な頽落からの訣別であり、時間の「地平的統一」（投企の終局にまでいたる時間全体性）を「了解」したところの、日常世界からの脱出なのである。

キルケゴールとハイデガーとでは瞬間のとらえかたが逆である。前者にとっては瞬間は超越的なものの純粋受容であり、そのために自己はあらゆる作為を排し運命に身を委ねなければならないが、後者にとっては瞬間はあらゆる自負を背負った意識行為の「本番」である。決意は然るべきときになされなければならないとしても、その時は万全の注意とともに読み取られ了解された時でなければならない。ハイデガーのいう瞬視は、いわば満を持した「その時」である。むしろそれはキルケゴールにおいては決断の問題としてとらえられるものである。その場合にも発想の対比が著しいが、いまはこの問題に立ちどまることはできない。われわれは瞬間の本来的問題に立ち戻ろう。

野の百合になることのできないわれわれには、もはや中間的瞬間しか残されていないのであろうか。この点ではキルケゴールはあまりに厳しすぎるといわなければならない。むしろわれわれは、野の百合が瞬間をもつということも、われわれ人間が同じように瞬間を経験し知っていることなしには起こりえないことに気づくべきである。人間は、知性の衣を纏うことによって、弱められいわば間延びさせられた瞬間をもつが、かえってそれゆえに野の百合の純粋瞬間を知ることができるのである。人間精神の特質はじつに、中間的で不完全な世界にあって完全を想うことができるところにある。そしてこのことは瞬間の場合によく当てはまるのである。確かに百合にも人間にも外的瞬間が到来する。瞬間の到来は「不意打ち」であるが、それにもかかわらずそれは到来すべくして到来する。百合にとって雨が降るのは全くの偶然であろうか。しかし雨の降らない処に百合はもともと育つはずがなかったのである。百合がそこに生きていること自体が雨の必然的到来を証明している。それゆえ雨は然るべきときに然るべき仕方で降る。

瞬間の不意打ち

同様に、われわれにもまた百合に劣らず外的瞬間が到来するであろう。われわれと百合との違いは、その瞬間を全面的に受けとめ、内的瞬間とすることができるか否かというところにある。人間の理知は瞬間にたいして不従順なのである。しかしもし人が訪れる瞬間を真摯に受けとめることができれば、彼は百合のように変貌することができるであろう。人間にはその人だけが出会う瞬間がある。キルケゴールにやってくるのはキルケゴールの瞬間であり、それは私には絶対に訪れない。しかし私には私の瞬間がやってくるのであり、私の内面性（内的本性）がそれを必然的なものにするのである。各人には各人に適った仕方で各人の瞬間が訪れる（内面性をもつかぎり）。瞬間は不意打ちであり、いつ訪れるのか誰にも分からないが、然るべきときに必ず訪れるのは、眠っている人がいつかは必ず目を覚ますのと同じである。かくして瞬間が訪れる。しかしその瞬間が訪れたとき、人は百合のようにそれを受けとめることができないのである。それゆえ百合は「教師」である。

瞬間はたんなる時の刻みではない。瞬間の向こう側には必ず「対応者」が控えている。瞬間とはじつはこの対応者の出現の徴に他ならない。それではこの対応者とは何か。瞬間の対岸にいる対応者は、二重の性格をもつ。一方では、それは私を超えた或る絶対者であり、私をその無限の大きさで呑み込み、その極大の力で運び去る。その出現を前に私は限りなく小さく、自由の力をもたない。私はただその出現者の姿に眼を釘づけにされ、その声に聴きしたがうのみである。瞬間において出現するものはその絶対性において私のあらゆる予想を超えている。このことが不意あるいは突如の意味であり、それは私の意識が超越的なものを受けとめる是非のない仕方なのである。

他方で、それは私自身にもっとも似ているものである。瞬間において現れるのは異邦的なものではない。むしろそれはいままで知らなかった「私」、真の自己であり、むしろ今ある私は本当の私ではなかったのである。このために瞬間において私は驚愕する。しかしそれが自己であることに気づくのは瞬間の出現のときにおいてではない。そのときは絶対者であることが優先するのであるから、私はいわば金縛りにあっているのであり、そのものを理解することができない。理解は後からやって来る。私は後になってから、あたかも草食動物が反芻するかのように、絶対的なものがたんに超越的ではなく、私そのものの内にあったことをまざまざと思い知るのである。

5　瞬間映像

決定的瞬間はあたかも轟く雷鳴のように訪れるであろうが（ゼウスは雷とともに現れる）、もともと瞬間はその密やかさによって、むしろ微風のように認めにくいものである。たとえば「心のよぎり」ということがある。ふとした思いが吹きぬけたとき、あるいははっとした驚きに心を動かされたとき、相手の表情の変化に何かを読み取ったとき、このようなときにも瞬間が訪れることがあるのだ。吹き抜けるような回想（確かあのときと思い当たる）、予感や不安の雲のなか、あるいは一瞬持ち上げられたかのような充足感や幸福感、これらのなかにも瞬間が顔を表すことがあるのだ。そのとき、なにか影のようなものが眼の前を走ったのだが、それは一瞬表れては次の瞬間には姿を消してしまう。しかし、繊細な精神の持ち主は、それに鋭く気がつき、驚いて瞬きをするだろう。それが何かはそのときにはわからない。それはもっと後になってからようやく理解されるものなのだ。そしていったんその意味が理解されるや、その「瞬間」はもはや決して消えないものとなり、ますます大きく深い刻印として心にしっかりと刻み込まれる。

このような意味で、瞬間は一般に「微小瞬間」、「小さな瞬間」である。瞬間が瞬きの間にあるというのは本当である。瞬間は認めようとしたその瞬間にもう消えてしまっているから、人はそれを訝ってもう一度瞬くのである。一度目の瞬きは瞬間という異世界に滑り落ちるその速度にたいする瞬きであり、二度目の瞬きはその瞬間をもう見失ったその驚きにたいする瞬きである。瞬間は二つの瞬きの間に閉じ込められている。瞬きは瞬間にたいする精神の封印である。

瞬間はかくもかすかであり、かくも意味深くあるから、精神の本能はそれを封じ込めようとするのである。瞬間の映像はそこにあるのだが、二回閉じられる精神の遮断によって他の映像から切り離され、格納されて精神の深部にしっかりと保管されるであろう。かくして精神はおのれのうちにそれを永遠に保ちながら、しかるべき間はそれが何であるかを知ることがない。その映像が再び姿を現すのは、この封印が解かれ、心の裏側に焼きつくように現われ出たその裸身の姿に精神が自ら気がつくことによってである。このように、瞬間とは心に封じ込められ結晶させられた決定的映像である。

高波

瞬間の映像は心に焼きつけられ、再現される。この心に堅く刻み込まれた映像が「内的瞬間」である。内的瞬間はたんなる心の記憶ではない。むしろ、瞬間は熱機関のようなものであり、人の心を内向（内面化）させ、たえず過去のその時点に遡源させる作用力をもつ。精神は瞬間をもつゆえに奥深い存在となることができるのである。さまざまな瞬間が心の記憶の壁に襞をめぐらせ、そこに住みつく。精神生活の部屋には深い襞のあるカーテンが張りめぐらされているが（G・ドゥルーズ『襞』、1988）、瞬間はそこに身をひそめ棲息している。

それゆえ、瞬間は精神の内奥に投影された映像である。人は普段は眼前の雑多な映像に遮られてそれを見ることがないであろう。しかし山上で霧が晴れるように、「あのとき」の光景が「いま」不意に心にありありと現われ出ることがある。仮に、瞬間を経験したことがなく、一向に姿を見せそうにもないおのれの心を思い描いてみるがよい。何と平板であり、無意味であり、素面であり、味わうべきものがなく、およそ精神と呼ぶに躊躇せざるをえないものに成り果てることか。瞬間は精神を上昇させる。プロティノスがいうように、人には眼を自己のうちに向け、内面性へと沈潜するとき、おのれが一瞬高波に持ち上げられたかのように感じるときがあり、おのれのなかに輝く光を見ることがある。そのとき、人の心からあらゆる作為が消えている。心のなかの雑菌が或る絶対的なものから投げかけられる放射を浴びることによって、瞬時に滅菌されたのである。

たしかに、「アウグスティヌスの回心」や「パスカルの火」のような、神にまで達する絶対的瞬間を経験することはあまりにも稀であろう。しかし人は、それを振り返るときに、押し寄せ、込み上げてくるような不意の感動をおぼえ、自分が高められたと思うことが多かれ少なかれあるものである。瞬間はたんなる回想ではない。或ることが突如出現を迫り、おのれの不用意を不意に襲うことがあれば、それこそは人の心に深く打ち込まれた内的瞬間なのである。

原光景

人は「原光景」あるいは「原体験」という決定的瞬間を誰しももっている。それによって生活が旋回を起こし、何度もその原点に立ち返る、そのような「時」をもっているものだ。この「時」こそは人生の決定的な折り目である。ある光景、ある言葉、ある出会いが人生の軌跡を変えたのだが、そのときは知る由もなかったのである。瞬間はいったん閉じられる。この瞬間の後には、持続的な淡々とした時間が続く。しかし、この時間の経過のなかで瞬間は醸成され、発酵して「意味」へと変容する(ヘーゲルは精神の発酵という言葉を残している)。この発酵の芳香が精神を刺激してふたたび意識の想起を促す。こうして改めて瞬間は精神によって噛みしめられ、味わわれるにいたるのである。

人は瞬間から何を受けとるのだろうか。自分を超えたものが深い楔となって自己のうちに打ち込まれていること、自分を変える何ものかが自己のうちにあることを発見するのである。超越的なものが自己のうちにあること、そのために予期せぬ未知の自己をすでに自己のうちにもっていること、このことを発見するのである。瞬間は吹き抜けていき、一つの変容作用を精神のもとに残していく。そしてそれが再び内なる瞬間として姿を顕すとき、その想起された光景が自己に転換を促し、自己は「新しい自己」となる。

瞬間の美

瞬間は一つの美的理念である。瞬間は必ず美を伴っている。瞬間の襲来は美の襲来であり、美による不意打ちである。それでは瞬間の美とはどのようなものか。瞬間美はたんなる感覚的な自然美でもなければ、形象美でもない。それはむしろ一瞬の否定の力によって主観を打ちのめし、次の瞬間により深い衝撃と感動によって主観を運び去る美である。それはむしろ、カントの表現にしたがって「崇高」と呼ばれるべきかもしれない。崇高とは「超越美」に他ならず、まさしく「啓示された美」である。「超越者」がそこに一瞬姿を表すからである。あるいは、それを「畏敬美」とも「理想美」と呼ぶこともできるであろう。人はそれを瞬視する。瞬間は知られることもなく観照されることもないまま瞼に焼きつくものであり、それを予期して見る人はいない。それゆえ、瞬間は一種の「神秘」に他ならない。神秘とは超越的なものとの出会いなのだから。

瞬間は主観における内なる配置（内面性の均衡）と合致したとき美として受けとめられる。瞬間に打たれるのはその人の心の中に打たれるべき配置があるからである。この意味では瞬間は一つの「主観的必然性」である。そして美とは、対象による触発が主観の配置と合致することによって生じるものであるから、触発がそのような配置をもたない人に訪れても、それは美として受けとめられず、瞬間とはなりえない。瞬間の美とは打たれること（触発）によって均衡が収縮し、一つのバネとなることであり、このバネが跳躍することである。

それゆえ、瞬間の美とは精神の急激な上昇を促す感性的映像美に他ならない。この上昇は、ベルクソンのいう「生の跳躍」とも共通のものであり、万人がその力を内に秘めているものである。しかし「美的跳躍」が到来可能なものとなることができるためには、人はカンバスの落ち着きと忍耐とを身につけていなければならない。人は「瞬間待機者」であるが、このような瞬間は沈黙の静寂のなかでなければ訪れることがない。瞬間は、日常の喧噪を追い求め、理想を抱くことを忘れ、夢を見ようとしない人には容易に訪れない。人は美の理解者であるかのように振舞うものだが、美は喧噪を嫌うのである。機能的、作業的な事柄に心を寄せる人は美についても多弁であるが、しかし美はまさにそのような人を避けて通るのである。キルケゴールのいうように、じつに情熱の反対は分別である。分別とは、事柄を平面に並べ直して比較検討し、平均からの離散の具合を一覧化し、自分がどの程度のものかを気にし、平均値に戻ることを人生と心得る働きのことに他ならない。分別が心のまさしくそのような関心と対応の働きのことをいうのなら、美的瞬間は必ず分別を避け、その傍らをすりぬけて通り過ぎるだろう。

美的緊張

美は事物における優雅な形象のうちにあるのではない。この点でシラーはまちがっている。美は徹頭徹尾精神的なものであり、それを受けとめる心がなければ存在しないし、存在することもできない。しかしそのような心があれば美が成り立つというわけでもない。そのような心のもとに、ある超越的なものが具体的形象という「乗り物」に運ばれて飛び込んでくるのでなければ美は生まれない。それゆえ、美は待機的精神と瞬間との触れ合いと融合とによって成立するのである。この精神は繊細であり、微かな瞬間にたいして敏感であり、柔らかく、吹き抜ける瞬間によって容易に刻印される。飽和する溶液は一瞬の振動によって結晶を造るものだが、そのように繊細な精神の持ち主は瞬間の微波動を受けることによって心が共振し、共振することによって心の中に或る未知の結晶を産みだすのである。

カントは美を「純粋快」であると規定した。触発によって心の諸能力に調和が生まれ、そこに満足を覚えることを「純粋快」と呼んだのである。いわば心の弓と弦とが正しい均衡をえて弛みなく張られたときの「緊張感」と「爽快さ」のように、知性と感性とが本来の均衡をえて然るべき緊張を醸し出したその状態を彼は「快」と言い表したのである。それゆえ彼のいう快は「純粋緊張」と言い換えられるかもしれない。

してみれば、瞬間の美的作用とは、人には感じることのできない早春の一陣の風を受けて北へと飛び立つ白鳥の飛翔のようなものであろう。白鳥は頭を高く掲げて大気の香りを嗅ぎ、「その時」がきたことを知るのである。あるいはまた、重く垂れこめた雨雲の背後で天と地の電位差が極大に達し、虚空を割いて稲妻が走る、そのときの大気のようなものであろう。ドゥルーズは、稲妻が走る瞬前に、天空はその軌跡を暗転する暗黒の予兆があらかじめ道を刻むという。この道とは虚空の緊張に他ならない。われわれはそれに加えて、稲妻の道はその瞬後にふたたび反転する暗黒によって閉じられるといおう。

外的瞬間そのものは美ではない。それは世界におけるもっとも素早い事象であり、威力なのだ。それは見えざる予兆を有し、瞬時に自らを閉じる。われわれが、それが美であることを知る（白鳥は美を知らない。白鳥が知るのは或る不可認識的な緊張と充溢のみである）のは内的瞬間においてである。内的瞬間もまた、意識されることなく不意に突如やってくる。そこにも暗黒の予兆があろう。そして一旦は封印されるであろう。しかし美の威力はこの封印を融解させるところにある。内的瞬間はそれが美であることによって「反復」されるのである。

6　瞬間と想起

瞬間は反復する。瞬間は精神のなかに潜り込むことによって内部の震源となる。それはいわば精神の活断層を形成する。地震は突発的に起こるものだが、瞬間の地震も予知を超えている。むしろそれは火山の噴火に似ているのかもしれない。しかしそれは確実に発生し、いったん振動すると確実に精神の地殻変動を引き起こす。内的瞬間は精神にしっかりと食い込んでいるが、それが瞬間であるかぎり心の奥底に隠れており、意識によって心の表層に導き出されることはない。意識対象として精神の明るみに出されるものは瞬間ではなく想起である。

想起と瞬間とは異なる。隠されていたものが心に現れるという点では両者は共通であるが、想起の場合にはその出現は意識的な注意ないしは精神の集中のなかで生じる。「ふと思い出す」場合でもそこには事柄のコンテキストがあるものだ。それに対して内的瞬間は「内なる不意打ち」として生じる。それは外的瞬間と同様に不測の襲撃なのである。しかも外的瞬間はその襲撃が一回限りであるのにたいして、内的瞬間の襲撃は何度も反復する。外的瞬間が本震であるなら内的瞬間は余震に譬えられるかもしれない。しかし大地の地震と違ってこの心の地震は繰り返されるたびに弱まるとは限らない。襲撃を受けることによって精神に変容が生じ、響鳴の度を深めるかも知れないのである。

瞬間も想起もそれらが現前するまでは隠されているのであるが、両者では「隠れ所」が異なる。想起は記憶のなかに身を潜めているが、瞬間は記憶のなかにも留らない。あえていえば、記憶の襞の裏に隠された、時間の秘められた裏部屋（真正の過去）に閉じ込められているのであろう。瞬間は時間の相のもとにあるが、記憶が意識の流れとしての時間のもとにあるのにたいして、その時間は超越的時間であり、いわば出撃用に装填されたまま格納された隠密の時間である。内的瞬間とは内的―超越的瞬間なのである。

カントは時間を内的直観の形式と考えたが（そしてこのことはおそらく正当であるが）、その場合意識の変容の流れとしての時間（内的―意識的な時間）と内的瞬間としての時間（内的―超越的な時間）との二重の時間があり、両者は区別されなければならないということを彼は知らなかった。瞬間の時間は連続的ではない。噴出し突発する時間は人の意識を超絶するために、これまでの思想史においても見失われてきたものである。追憶と葛藤の日々を促す「失われた時」もまた、それが心にいかに深い襞を刻もうとも、それが回想に属するかぎり瞬間ではない。瞬間は失われることがないのだから。

もっとも意識的な内在も超越的な内在も同じ精神の働きであってみれば、生の営みのなかでは両者のあいだに通路がある。瞬間と想起とは隣人のような関係にある。瞬間はそれが居を定め住み込んだそのときから、隣人である想起によって察知されている。瞬間は偏屈者であり社交を嫌うが、想起はこの隣人の様子をうかがい側耳を立てているのだ。瞬間が心に察知されるのは瞬間としてではなく、想起をつうじてである。それどころか瞬間を体験した人はそれを意識に刻もうとして必死に想起するであろう。そして瞬間の再来を待つであろう。しかし人ができるのは、たえず記憶をつき動かしてその出現を促すことまでである。

そのような渇望のなかで、あるいはあたかも静寂のなかに森を突き抜けて届く鹿の鳴声のように（現代ではこのような経験をすることもきわめて稀になった）、瞬間の響きが訪れるかもしれないのである。してみれば瞬間とは突発的想起のことなのかもしれない。回想としての想起は意識の内部にあるが、「純粋想起」はおそらく意識を超えて時間の秘所のなかにあるはずなのだから。

栗は二度はじける。一度目は木の枝における成熟によって、二度目は火のなかで。拾われた栗は精神の炉心の中でふたたび弾けて心に「痛覚」を与える。真の内面的事件は心のあらゆる部分に微細な亀裂を生み、痛みを引き起こすからである。それでも瞬間の振動は自己の蘇生の原因であるから、絶対的に快である。瞬間の快が「純粋痛覚」であることを知らない人は幸いである。人は計算問題の解き方を思い出そうとするように瞬間を想起するのではない。待機する精神が炉となって栗に弾けるときを促すのである。否、心に投げ込まれた栗は自分ではじけようとするから、人はその痛みの到来をひたすら待つばかりである。

II 「破」、あるいは繊細の時間

1　序破急《じょはきゅう》

時の流れには息遣いに似たところがある。激しく激動する時間があれば、かすかに波うち繊細に揺らめく時間もある。とりわけ日本の美意識の基底には繊細に生動する時間が流れている。これから考えようとする「破」は、もともと雅楽や能楽でいう序破急の破である。世阿弥は彼の能楽論の多くの箇所で序破急について語っているが、その考え方は現代の美学・表現論の観点からみても大きな示唆に富んでいると思われる。そこでわれわれはこの序破急の思想をわれわれの時間論の脈絡に取り入れることを試みてみよう。

序破急は一般には日本の音楽における速度法則と考えられており、序は自然の平らかな速度、破はゆったりと流れ、さまざまに変化する展開部の速度、急は急激な加速であり、終結部の高揚を表すとされる。しかし世阿弥の序破急の理論はたんなる速度法則に終らない。それはむしろ芸術表現の核心に関わるものであり、時間の様態と内容の展開を導き、それが美的表現となることを可能にする原理として理解されているのである。

なかでも「破」の思想は、彼の幽玄についての考え方とも深く結びついており、人間精神における「時間美」の意味、とりわけその繊細性や叙情性を考えるうえで不可欠の論理を提供している。破は表現における中心部分が細やかで繊細な委曲を尽くすものでなければならないことを主張する。他方で、同時にそれは西洋における美的表現、とりわけバロック期の精神文化における表現思想とも共通性を有しており、両者を対比することは人間精神を流れる時間の意味を考えるうえで有効なヒントを与えてくれる。

破とその総合である序破急とは、日本人の時間感覚をよく表している。破は時間の流れが繊細となり、その表現が細やかに変容する過程を表す言葉である。破はデリケートに変容する時間という日本的な感性の自己表現であろう。それゆえわれわれは、時間の流れを、したがって瞬間ではなく連続的な時間の流れを、世阿弥が美的に言い表したその言葉によって考察したいと思うのである。このような観点から、まず世阿弥の序破急の思想をたどり、日本人が流れる時間を感得するその様を描きだしてみよう。

世阿弥の序破急論

世阿弥は彼の能楽論の多くの箇所で序破急の思想を述べている。彼はいう。

> 一切の事に序破急あれば、申楽もこれ同じ。能の風情を以って定べし。
>
> （『風姿花伝』、岩波文庫、四三頁）

ここに示される風情という言葉は、振舞いや所作のような身体的表現を意味する場合と趣き・

感じなどの情趣的なものを意味する場合とがある（『世阿弥　禅竹』、「日本思想体系」第24巻、四三〇頁補注。以下、『風姿花伝』以外の世阿弥・禅竹及び註釈からの引用はこの本による）。前者の意味で解すれば、「能の風情を以って定べし」とは「能はその演技において序破急が生み出す情緒を保たれなければならない」というほどの意味になる。

一サイノ事ニ序・破・急アレバ、コレヲ定ムルコト、コレワ次第々々ナリ。序トイッパ、初メナレバ、本ノ義ナリ。サルホドニ、正シク、面ナル姿ナリ。……正シク下リタルカヽリナルベシ。

（『花習内抜書』、六八頁）

ここでいう「コレヲ定ムルコト次第々々ナリ」とは「能において序破急を定めることが演能の場面進行における秩序の流れである」という意味である。序とは始めの意味である。それは正面の入り口にあたり、まっすぐに正しく、まだ細やかさを混えずに、穏やかに、基本的な調子で、「するすると」安らかに演技が始まるという様を言い表わしている。一曲の始まりが序であり、一日の演能の始まりが序である。そこには世界の平らかさと大らかさが表現されなければならず、変容と差異が過剰となってはいけない。始まりは序でなければならないのである。

破はこのような序の「本態風」を破る。序章の穏やかな荘厳さを破って物語が展開し始める。

黎明の静寂を破って街のざわめきが始まるのである。序を破るからといってなにも波乱万丈や大事件が始まるのではない。あれやこれやの様々なことの連なる一日が始まるのである。世阿弥はいう。破とは「和して注する釈の義」である。この言葉は、漢文を和訳して注釈をつけるということを意味している。漢詩を大和ことばの詩に置き換えて、それに意味由来を述べ添えるというのであれば、それは委細を尽くさなければならず、多大な量に及ぶであろう。煩雑な仕事である。「細かに手を入て、物まねのあらん風体なるべし」とか「色々を尽くして事をなすべし」とは、このような作業のことを語っている。彼は破を示すことによって、能の展開は翻訳作業のように細やかな再現的変容（変換）と差異（詳細）の連続であるということを語っているのであろう。

破が委曲の世界であるなら、急は終結部（コーダ）であり、急転直下落着する世界である。世阿弥はいう。

急は揉み寄せて、乱舞・働き、目を驚かす景色なり。揉むと申は、この時分の体なり。

（『花鏡』、九〇頁）

事柄の「結句」は委曲で終るのではない。それは旋風のように巻き上がり（揉み寄せて）、「一気」に成就するのである。急はキリ（切）であり、どれほどの乱舞があろうとも一キリに終結する。

能ワ、破ニテ久シカルベシ。破ニテ色々ヲ尽クシテ、急ワ、イカニモタダ一キリナルベシ。

（『花習内抜書』、六八頁）

森羅万象の序破急

序破急は出来事の起承転結（生成発展）の動態論的な秘訣でもある。それはアリストテレスのエネルゲイアの思想に通じ、それのより一層美的で具体的な表現だということができる。世阿弥は破の思想においてエネルゲイアの発想に近づいている。アリストテレスは万物の運動原理を可能態（デュナミス）が現実態（エネルゲイア）に転化し、さらに完現態（エンテレケイア）にまで進むことに見据えたが、この理解は論理的ではあっても、そのままでは美的な世界に適用することにはいささか無理がある。しかも精神の運動を語るにはあまりにも形式的にすぎ、その具体像に迫ることができない。その点では、世阿弥の序破急の思想は美学的であるとともに、運動のポイントを動的表現的に押さえている点で一日の長がある。彼はいう。


能々安見するに、万象・森羅・是非・大小・有生・非生、ことごとく、おのおの序破急をそなへたり。鳥のさへづり、虫の鳴く音に至るまで、其分々の理を鳴くは、序破急也。

（『拾玉得花』、一九一頁）

序破急の思想は能の舞台を飛び出して、自然の森羅万象にまで拡げられる。万物が序破急という普遍的な時間法則にしたがうとされるのである。銀河の生成から虫の鳴く音にいたるまであらゆる事柄にそれぞれ序破急がある。人生もまた序破急であり、一粒の雨滴の落下も序破急である。「草木雨露を得、花実の時至るも、序破急也」（一九一頁）。同趣旨の言葉は禅竹にも見られる。

花は咲くが序也。七日の盛りは破也。散は急也。散ることが長かるべくは、散をば惜しむべからず。
（金春禅竹『五音三曲集』、三七一頁）

序破急はたんなる運動法則にとどまらない。序破急はよりいっそう音曲であり、声であり、詩歌として表れるものである。むしろ、序破急の思想は音曲の世界と自然の営みとが同質であり、自然の流れが音楽そのものであることを語っている。「有情、非情の声、皆是詩歌を吟詠す。序破急成就之端感也」（一九一頁、これは長能の言葉を引いたもの）。鳥の囀りが詩歌であるなら、海の潮騒も詩歌である。一切の存在は声を発し、詩を謳うのである。万物が動くとは謳うことである。序破急は万物が固有に持つ「詩」の詠吟そのものだという着想がここに見られる。

これがたんなる比喩でないとすれば、詩歌とは人間のみが謳うものではないことをわれわれも認めなければならない。詩歌とは音曲化された序破急に他ならないとされるのであるから。詩歌が人の心を打つのは、それ自体が言葉の序破急を表しているとともに、万物の序破急の動きを声として謳い上げるからであろう。万物の転変のなかに詩歌を聴く——ここには自然と芸術との一致の考え方がある。序破急が成就すること、これは万物がその詩歌を謳い上げることであり、それぞれの存在理由が語りだされ落居することである。「序破急成就之端感」とは、人がこのように存在の声に耳を傾け、これでよいと納得することであろう。そのような境地を世阿弥は芸術の真髄ととらえ、それどころか天地の祝言と受けとったのである。

2　破の美学

序破急が美的な展開法則であり、その成就が美の完成であるとすれば、能の世界もまたすべての場面において序破急によって運ばれると主張されるのはむしろ当然のことであろう。

実際、演能の編成は序破急に基いて発想され、「五番能」の考え方によって組み立てられる。今日では儀礼的にしか行われないが、もともと一日の能の上演は五番であり、脇能にはじまり、修羅能、葛物、雑物と続き、キリ能で終ったのである。凡そ、脇能は序、三番目の能は破、五番目は急に対応する（二番目と四番目とは移行的性格をもつ——すなわち「破の序」と「破の急」）。とりわけ、江戸時代においては五番能の組立（これが「番組」の由来である）はとりわけ重視された。それは演能全体の流れが序破急の「妙風」を表さなければならないと考えられたからである。

序者《じょといっぱ》、初めなれば、本風の姿也。脇の申楽、序なり。直なる本説の、さのみに細かになく、祝言なるが、正しく下りたるかゝりなるべし。態は舞歌ばかりなるべし。歌舞は此道の本態風なり。……三番目よりは、破也。これは、序の本風の直に正しき体を、細かなる方へ移しあらわす体なり。……さるほどに、三番目より、能は、細かに手を入て、物まねのあらん風体なるべし。その日の肝要の能なるべし。かくて、四五番目までは破の分なれば、色々を尽くして事をなすべし。……破と申は、序を破りて、細やけて、色々を尽くす姿なり。急と申は、又その破を尽くす所の、名残の一体なり。さる程に、急は揉み寄せて、乱舞・働き、目を驚かす景色なり。揉むと申は、この時分の体なり。

(『花鏡』、九〇—九一頁)

破は、序の本説(基本形)を破ってさまざまな変容(変奏)が表される段階(展開部)である。そして始めと終わりのあいだは破の領域であるから、中心部の演能の流れは細やかな変容と展開によって進められなければならない。破の流れとは連続変容の運動の過程であり、この変容が重なって全体が次第にそのさまを変貌させていく展開の過程である。彼は、一曲の進行もまた序破急によって組み立てられるといい、それどころか一節、一音のなかにも序破急があるという。

其番数の次第々々、一番づつの内にも、序破急成就あるべし。又、一舞・一音の内にも、面白きは、序破急成就也。舞袖の一指、足踏の一響にも、序破急あり。

（『花鏡』、一九一頁）

さらに、能作（能の作曲）においてもまた序破急の手法が主張される。

能を書くに、じょはきうを書くとて、筆斗（ばかり）に書くは悪き也。風情のじょはきうを書くべし。

（『申楽談儀』、二八七頁）

ここでは、序破急の本意がたんに作品の運筆法にあるのではなく、むしろ「風情」にあり、それをいかに表現するかということにあることが主張される。してみれば序破急は音曲の進行規則や作品の展開法則の問題にとどまらない。外界にたいする主観の受けとめ（風情）こそが序破急の誕生の場であるということが語られているからである。序破急はものごとの流れや運動法則としてあるというよりも、むしろ心の受けとめ方（風情）としてあることが本意なのであろう。能の舞歌に、その一指一投足に序破急の美を見いだすわれわれは、当然自然の一指一投足にも心を動かすのである。われわれは世阿弥のこれらの言葉から、序破急とはたんなる外的世界の形式としてではなく、「精神の風情」の問題であり、外的世界にたいする主観の美的了解の問題であることを知るであろう。

変容美

序破急は日本人の心における美的な時間了解に対応している。われわれは古来より、ものごとは序より始まり、破に進み、多くの変容を経て、そして終末に至ると考えてきた。終末は必ず急（キリ）でなければならない。人の心はこのような流れの抑揚を受け入れ、そしてそれに納得して安堵をし、風情を感じてきたのである。風情とは変容の美であり、一所に留まらないことをいうから、「無常の美」でもある。無常とはたんに過ぎ去り行くことだけではない。そこには美的感慨がある。無常が美的推移であることと、破が変容の繊細であることには共通の日本的な時間意識が貫いているのである。

あわただしく、そしてさまざまな起伏を伴って過ぎ去った時の流れも、その始まりはまだ単純であり大らかであった。それに続く破の展開から見れば、事態はまだ何らの変容も作為も錯綜も起きていなかった。夜明けの一条の深紅の光線はその日に起こる出来事を象徴しているかもしれないが、しかしそのことはまだ起こっていない。序は「ひらけ」であり、破によって待ち受けられるものである。これにたいして、破の世界を貫く論理は反復と変容である。反復は単純な繰り返しではない。たんなる繰り返しは機械的回転運動であって、そこから意味あるものは生まれない。真の反復は錐の回転であり、巡るごとにより深く刻まれていく穿孔である。反復の精神とは推移のなかに再現される細やかな映像を見取ることである。破とはなによりも細やかさであり、次々と押し寄せては砕ける波のようなその波状の反復性のことをいうのである。一つの波にはかぎりない変化がある。そして次に押し寄せる波には別の変化がある。一度の波によって人はまだ心を奪われないだろう。しかし、かぎりない波がかぎりなく押し寄せるとき、人の心は深く動かされるのである。「細かになければ面白からず」(『花鏡』、九六頁)。

幽玄とは何か

破は反復である。反復は回帰であるとともに持続であるが、この持続は一定の状態の保存としてあるのではなく、日々の巡りのように変容する保存である。毎日は繰りかえされるが、さりとて同じ日はない。アリストテレスやヒュームはそれをたんなる「習性」や「習慣」としてとらえたが、そのような理解は皮相的であり、人間精神の美的な力を見ていない。同一性や定常のうちにある美は浅薄である。充実した美は変容する反復のうちに生まれ成熟する。反復とは美への登高であり、情趣と表現の繊細化であり、感得の共振が次第に拡大することである。

そして反復の潮汐によって磨き上げられた繊細美こそが「幽玄」の意味するものである。世阿弥はこのことを「幽玄の風体」という言葉で言い表している。

美しく柔和なる体、幽玄の本体なり。人体《じんてい》〔人の姿〕ののどかなるよそほひ、人ない〔表現された人体〕の幽玄也。…かりそめなりとも口より出ださんずる詞の優しからん、是、詞の幽玄なるべし。又、音曲に於いて、節かゝり美しく下りて、なびなびと聞えたらんは、是、音曲の幽玄なるべし。

(『花鏡』、九七頁)

破の世界の美的性格は幽玄である。世阿弥は幽玄を「柔和」、「のどか」、「優し」、「なびなび」などの言葉によって表現している。これらの形容は何を表すか。繊細の変化である。破は幽玄に向かっての反復的な繊細化の歩みなのである。それはたんなる習慣ではなく、「美しきかかり」を見出すための修練の場であり、深化の歩みであり、そして仕上げである。単純な眼には平面と見られるその布に限りない綾を見出すことが美であり幽玄なのである。「花の枝を一房づつかざしたらん」こと、「美しく見ゆる一かゝりを持つ事」、「おしなめて美しからんを以て、幽玄と知るべし」(九八頁)。美は反復によって生まれ、反復は「一房づつの花の枝」を探し求める美の彷徨だったのである。

破の世界が幽玄に帰結するのであれば、美を求める精神の働きが破において営まれるという世阿弥の理解をわれわれもまた共有することができるであろう。このように、破の問題は人間精神の形成と構造を考えるうえで不可欠の問いである。破の問題は、能の舞台を飛び出して「心の美学」の核心に迫っている。

3　襞

G・ドゥルーズはバロック文化の特質を、襞 le pli という言葉で表現した。

バロックはたえまなく襞を生み出すのであり、事物を作りだすのではない。東洋からきた襞、ギリシャ的、ローマ的、ロマネスク的、ゴシック的、古典的……といった様々な襞がある。しかしバロックは襞を折り曲げ、さらに折り曲げ、襞の上に襞、襞にそう襞というふうに、無限に襞を増やしていくのである。バロックにおける線とは、無限にいたる襞である。

（『襞――ライプニッツとバロック』、1988、宇野邦一訳、河出書房新社、九頁）

繊細美

ドゥルーズは繊細美を襞に譬えた。襞とは折り畳みである。一枚の布は、折り畳まれることによって凹凸が生まれ、褶曲するカーテンとなり、縞模様のある衣服となる。折りたたまれ隠された部分は繰り広げられてその模様を表す。彼がバロック美をこのような「襞」という言葉で言い表わしたことは、われわれの注意を引く。それは世阿弥の「破」の思想に通じるからである。われわれはこの言葉を日本美における「破」と対比することによって、美学における繊細美（優美）

の問題に迫ることができるであろう。

　バロックはほぼ一七世紀の始めから一八世紀中葉（一七五〇年はバッハの没年に当たる）頃にいたるまでの音楽、絵画、建築などに共通する芸術様式であり、またその時代の思想文化全般を指し示す言葉である。「歪んだ真珠 barroco」を意味するこの言葉によって表現されるその芸術文化様式は、不規則、風変わり、不均衡、不協和といった表現様式を特徴とするが、それはなにも奇をてらったり、意表をついたりするためばかりではなかった（当初はそのようなところも見られたが）。円熟したバロックはシンメトリカルで均整的な様式(これは序に相当する)を排し、「細部」と「深度」の美に分け入ろうとする。音楽は繊細なポリフォニー（複旋律）と調性によって、ステンドグラスに囲まれた聖堂の光の空間のような静謐さを表現しようとし、絵画や建築は一瞬の均衡を支える細部の緊迫、構図と採光の委曲によって包摂的な霊感を現出しようとする。バロック芸術は高度な洗練の域に至った職人や芸人たちが手数をかけて追求した、西洋芸術史における花なのである。

　ルソーは『百科全書』の「音楽」の補遺において、「バロック音楽とはその和声が乱れ、多くの転調や不協和音があり、抑揚が難しく、不自然な動きを示す音楽のことである」と述べている(V・L・タピエ『バロック芸術』、高階・坂本訳、白水社文庫クセジュ、九頁)。ここには旧秩序を脱却した古典主義的な啓蒙の観点が見てとれるが、逆にバロックのもつ芸術的特性がうまく言い表されている。近代芸術の観点からすれば、王宮文化的あるいは大聖堂的芸術は「旧秩序」

に属し、古くさいものである。しかし、その担い手は「芸術家」(芸術家は近代文明の産物である)ならぬ職人であり、「技」のマイスターたちである。職人が技の委細に磨きをかけるのは当然であり、そこにこそバロックの真骨頂があろう。逆に、一九世紀以降の「芸術家」たちは彼らの「純粋芸術」を求める運動のなかで、技の美を忘れたのだというべきかもしれない。

バロック的精神は求心的ではない。古典的理性的な精神は理性に依拠して堅固な自己同一的自我を構築しようとするが、バロック的精神は内面的感情にその座を求め、多重的な、脱中心的で周縁的な自己に安らぎを求める。その表現においては細部の流れを注視しようとする。思想の領域においても、近世前半期はバロック的な精神を表現しており、カント以降の後半期に見られる総合的体系的な思想との間では、その発想は「コペルニクス的転回」に匹敵するほどの大きな差が見られるのである。

ルネサンスの時代を生きたモンテーニュ(1533-92)がすでに、バロック的な生き方を示しており、最初のバロック人といえるかもしれない。

さまざまな偶発事件の風が、その向きにしたがって私を動かす。……もし人が注意をこめて見つめるならば、二度と同じ状態にある自分を見いだすことはあまりないだろう。私は私の魂に、あるときはある一つの顔つきを、あるときはまた別の顔つきを与える。私が自分についてさまざまに語るのは、私が私をさまざまに見るからだ。すべての矛盾が、もって行き方、扱い方にしたがって、そこに見いだされる。
（『エセー』、荒木正太郎訳、世界の名著、中央公論社、二〇一頁）

ここには、古典的理性的人間観なら激しく非難するに違いない、定まらず中心をもたない「揺らぎの自己」が語られていることを見ることができよう。さらに、パスカルが近代知における「幾何学的精神」にたいして「繊細の精神」を掲げたことはバロック的な心のあり方を端的に示していよう。

繊細の精神においては、……問題はよい目をもつことであり、目を利かさなければならないことである。というのはその原理はきわめて微妙であり、多数なので、何も見のがさないということがほとんど不可能だからである。……それらを感じ、その感じにしたがって正しく素直に判断するためには、きわめて微妙で、きわめて澄んだ感覚が必要である。
（『パンセ』、前田・由木訳、中公文庫、七―八頁。訳文は一部替えてある）

バロック的人間

バロック的人間とは、微に入り細に渡ってものごとを眺め、しかもそれを一瞬のうちに了解する、そのような澄みきった眼差しをもつ人間である。「繊細の精神」は理由や配分比や定型に心を懸けない。無限の微細が発散するかすかな揺らぎのなかに美を察知する。洗練、エレガンス、優美がこの精神に特有の価値であり、自己はこれらの価値のなかに溶け込み、冴えと節度を心根にもち、そして作為から離れる。そのようなバロック的精神は可塑的多面体的であり、アモルファス体である。それは能動的であるよりも受容的であり、構成的であるよりも叙情的であり、躯体的であるよりも皮膚感覚的であり、構成的であるよりも技法的である。

そしてスピノザは存在する事物の根底に実体を見、その実体を無限であると理解した。無限の実体は無限の属性を有し、その属性の一つから無限の様態が生じると考えた。われわれが目の当たりにする世界のすべての事物は無限の最果てにある様態のそれぞれでしかない。われわれはこのような三重の無限の世界の底に生きている。バロック的精神はついに無限変容の思想にまで進んだのである。このような無限観に導かれて、スピノザは自由意志と自己決定の力を人間から排斥した。

幼児は自由に乳を欲すると信じ、怒った子どもは自由に復讐を欲すると信じ、臆病者は自由に逃亡すると信じる。……精神の決意とは衝動そのものに他ならず、したがって精神の決意は身体の状態の異なるのにしたがって異なる。各人は自分の感情に基づいて一切を律し、さらに相反する感情にとらわれるものは自分が何を欲したらいいかを知らず、また何の感情にもとらわれない者はわずかのはずみによってこっちに動かされあっちに動かされするからである。

（『エチカ』、畠中尚志訳、岩波文庫、上巻一七三―四頁）

作法なき技法

バロック的精神はその受容的態度に、すなわち人間をある根源的なもの、目に見えない動きに包摂されたものとしてとらえるという態度にその最大の特徴がある。バロックの思想家たちは、人間を超越的な無限の流れの中に投げ出された者ととらえ、その渦に巻き込まれ運ばれる存在と了解したのである。そのような人間にあって大きな役割を果たすものは、合理的な理解力ではなく直観と感情である。人間はこれらの働きを持つことによってその流れを感知し、自らをそこに委ねようとするのである。このような無限の変容の流れに触れ、見定めることのできない運命に身を置き、しかもそれを受容し、美しいものとして吸収しようとする姿勢がバロック的発想の共通の底を貫いている。

他方で、バロック的精神に固有な意識として「技法」の重視がある。このことはバロックの時代がマニエリスム（技法主義）を受け継いでいることに特徴的に表れている。マニエリスムはルネサンスとバロックとのいわば緩衝地帯であり、ルネサンス的均衡が次第に技巧的折衷主義に傾いていくことによって生まれた美術史上の一画期である。多彩で趣味的な技法を駆使することによって意表をつく「霊感」を真実らしく表現するべく、技法の開発が競われたのである。そこでは様式、形式、作法が美の創造の原動力である。ところで技法は「凝り」と一体であり、度をはずすことがあるものである。容易に「行き過ぎ」や「グロテスク」に流れかねない。それゆえ、バロックの「歪み」はこの技法主義、手法主義のうえに成り立っているといえよう。かくしてバロック的繊細はごてごてしい過剰表現や奇形的な悪趣味とすれすれの近さにあるということになる。

日本美の場合には、技法は精神的な構え、すなわち作法や気合いと一体になることによって表現を抑制する役割をはたしている。そこでは技法はその順序が肝要であり、そこから逸脱することはありえない。技法の始めに作法があり、この作法によって表現の場が日常世界から遮断され、芸の境位の門が開かれる。芸の「聖域」に入るのである。このことによって表現世界への「かかり」が可能となる。「かかり」は序でなければならないから平らかであり、表現は抑制されており逸脱することがない。技法は推進力になるのではなく、むしろ抑制力として働く。このように日本美の精神性はその作法・技法と密接に関わっている。

他方で、バロックの表現が時に溢れ逸脱するのは、技法がもっぱら技巧に傾斜することによって、序破急に導かれた繊細美の法則が自覚されなかったところにその理由があると考えられる。技法は「豊饒」と「絢爛」に容易に結びついた。とりわけバロック的技法が絶対主義の宮廷文化のもとに取り入れられるとき、華麗な装飾芸術となって虚飾の花を開花させた。宮廷の建築、庭園、装飾は、その細部は繊細であるが、全体を貫くイメージは「華麗」であり、ときに「けばけばしさ」を伴う。華麗は「おさえ」がなければ「派手」に転落するが、この「おさえ」を担っているものはバロック芸術においては構成的な調和の思想である。第二作法、通奏低音、遠近法、対位法などの技法が構成的秩序として序破急の役割を果たすのである。

「移り」の原理としての序破急

これにたいして、日本美においては「おさえ」は時制的であり、「移り」の原理、すなわち序破急が全体を統制し、抑制する。書や絵画や建築のような空間芸術においてもこの時制的抑制は貫かれており、時間的緊迫は絶対の要件である。構成的—調和的な美と時間的—抑制的な美との差は、西洋美と日本美の差を生み出す分水嶺だったのである。およそ西洋美においては、時制的秩序は速度計測に傾斜している（メトロノーム的リズム、あるいはベルクソンのいう時間の空間化）。そして時間と空間との分離が運命的に前提されるのである。時制を規準的な時間進行(速度)ととらえるところにバロック的「過度」の理由があるとともに、およそ西洋的意識の顕著な特質がある。

バロックの世界には繊細と豊饒とが不可思議に同居している。ミクロにおける繊細がマクロにおける豊饒を生み出しているのである。豊かな想像力、叙情性への趣味、神話的なものへの憧れ、官能的表現などは繊細性を必要とするが、繊細は容易に過剰となって溢れ出し誇張に傾く（たとえばルーベンス）。想像力には拡大作用が張りついており、逆に抑制作用は忘れられる。溢れる水を止めることができなくなった魔法使いの弟子のように行き過ぎて制御不能となったのは想像力の宿命であった。西洋的精神において抑制を受け持つのは理性であり、それは想像力にたいして外在的な強制力としてはたらく。これにたいして序破急は想像力に結合した感性の時制的制御原理であり、想像力の発動そのものを遅延させ、そのエネルギー放出を抑制する原理である。序破急は漸進的な加速度法則ではなく、むしろ抑制的な制御法則であり、想像力に気合というテンションをかけてその発散をその都度（急にいたるまで）抑止するのである。このことによって破の表現が繊細でありながら緊迫したものとなり、過剰に膨らむことが阻止されるのである（このことは逆に、日本においては理性的自律が薄弱であるから、序破急のような感性的制御原理が失われてしまえば、まったくの歯止めなしという状況に陥る運命を暗示している）。

4　バロック的精神

精神の表現活動において宗教的心性は大きな役割を果たしている。そしてこのことは能とバロック芸術においてよく当てはまる。能の世界が仏教的（法華経的あるいは禅宗的）、神道的であったように、バロックの世界も宗教的（カトリック的あるいは汎神論的）である。能が成立するためには人びとの精神構造が宗教的になることが必要であった。宗教が大衆に行きわたり世俗化することが新しい芸術を生み出す力となったのであり、人びとの間に宗教的雰囲気（とりわけ末法思想）がみなぎるなかで能は誕生したのであった。

バロック芸術もまた、宗教改革と宗教戦争の時代の申し子であり、宗教的な情熱と不安がかつてなく高まった時代の空気のなかから生まれたのであった。この時代は、宗教改革と反宗教改革との対立のなかで、キリスト教的な意識と宗教的生活とが現実に民衆の間に浸透した時代である。タピエは、この時代の宗教的精神が「驚異とレアリスムの風土」の上に成り立っているという（五〇頁）。ここでいう風土とは、神秘と秘蹟が横行し、天上のものと地上のものとが一体となり、相互に交感しあうという一種の「狂気」の風土である（あたかも幽玄能について述べられているかのようだ）。キリスト教的題材が好んで採り上げられ、イエスとマリアが人間の運命と情愛のモデルとされ、秘蹟的光景が自然のなかに溶け込む。聖と俗とがバロック芸術においてはいたる所で同居している。このような世界にあっては、超自然と超日常とが日常的意識のなかに入り込むのである。非日常としての狂気は、日常世界のなかに潜んでいた亀裂と無底とを垣間見せ、そのことによって人の心を超越的なもの、不可思議なものに向かわせる。情緒と狂気とが手を結び、僧侶と農民とが結託し、宮廷と農村とが入り乱れる世界がまさしくバロックの精神世界である。宮廷文化がそのお好みの題材に卑俗な農民や庶民をとりあげれば、民衆は王侯気取りで「エレガンス（高貴な情緒）」を自分のものにしてしまう。

狂気

想像力はもとより現実を超えた世界を描き出そうとする能力であるから、想像力そのものが宗教への傾斜をもっているのである。とりわけ、北欧の精神と文化には狂気に傾斜した宗教的情熱がその隅々に潜んでいる。キルケゴールは自らの血に染み込んだ憂鬱を運命と感じ、トーマス・マンは自ら生まれ育ったリューベックの街には悪魔的なものが棲みついていたと回想した。そのような精神風土こそはバロック期の宗教的雰囲気の中で醸成されたものであろう。

このような宗教的情熱と世俗の喜怒哀楽との葛藤と混淆は能の世界においても顕著に見られる特徴である。狂気と神懸りとはそのもっとも重要なモチーフの一つであり、多くの作品において主題を作り出している。その背景には鎌倉期の宗教改革と民衆への仏教的心性の浸透があり、武士階級による国家支配の形成とその途上における戦乱の時代状況がある。そしてこのような困難な状況が精神的な緊張と悲哀を促したのは当然のことであろう。歴史的ストレスともいうべきこの時代にあって、人びとの心は救済への強烈な願望に襲われたのである。戦乱は修羅と結びつき、悲哀は浄土に心を向けさせる。そして文化的覚醒もまたこのような困難のなかから生まれてきたに違いない。

困難は人の心を荒ぶらさせるのではなく、反対に細やかにし、変貌の時代はかえって内省と沈潜を呼び起こすということは逆説のように聞こえるが、事実である。そして狂気とは、心が荒い非合理へと破砕されることではなく、内的繊細が合理を超越することなのである。能はこのような人間の悲哀の極みとしての狂気を好んで題材にする。能は狂気を美的繊細にまで完成させた稀な芸術である（ギリシヤ悲劇についても同様のことがいえる）。他方で、バロックの時代は宗教的狂気が支配した時代である。ここでは狂気の問題はつねに死と直結していた。その表現はむしろ激越である。狂気の問題は、纖細に結びつくことを通り越して、運命により深く結びついたのかもしれない。ともかくもこうして、バロック期の西欧と室町・戦国期の日本とは、時代の文化的精神的様相が類似しており、その文化的な表現においても共通の論理が働いている。これら東西の二つの精神文化が相似的な精神的土壌から生まれ、しかもけっして幸運な状況にはなかったこのような時代の大地からその栄養を吸収し開花したことは、確かに驚くべき事実である。

バロック的精神の特質

それでは、バロック的精神の特質は何か。第一に、超越的、無限的、「背後世界」的なものへの畏怖と憧れがその基盤にあること、人知を超えた運命が人間に覆い被さりその作為を封じるものとして絶対性を有していたこと、第二に、叙情的で纖細な美意識が職人的技法と結びつき、微細部分の審美的表現が生み出されたこと(全体を見通すことができないということが人の心を部分に向かわせ、そこに心の解放を促すのである)。第三に、民衆が文化の担い手として台頭するが、そのことによって世俗的欲望的な人間模様が題材とされるにいたったこと、そして同時に民衆みずからが職人となり、創造力を身につけるに至ったこと、第四に、感性と想像力が表現の牽引車であり、そのために内面的な感情表現が優勢であったこと、そこには生命の感性的な受容が、したがって万物に生命的なものを感得する衝動が強く表れ出ていること。

バロックはたしかに古典的啓蒙への橋であり、理性と秩序の時代にバトンタッチされる運命にあったが、感情的な内的意識、職能的な技法意識と優雅な美的表現とを最高度に磨き上げることによって他のいずれの文化をも凌駕する繊細美の世界を現出させたのである。そしてこのようなバロック芸術の特質は、日本の能と室町文化のそれとの驚くべき親近性を有しているのである。

5 ドゥルーズ

陰翳と残響

破の世界とバロック的繊細との繋がりを読み解く鍵をわれわれはG・ドゥルーズの「襞」の思想に求めることができる。彼の晩年の著作『襞』は、その副題に示されるように「ライプニッツとバロック」を題材として、人間における繊細意識のあり方を解明しようとした画期的著作である。ライプニッツは因果律的な理性哲学にたいして、モナド論の立場から微分的、表現論的な論理を開拓した思想家である。彼の思想は、万物の原理を極小的な個体（モナド、物質も人間も言葉も事件もモナドである）に求め、このモナドと宇宙的全体との表現的関係を明らかにしようとしたところにその最大の特徴がある。

ドゥルーズはライプニッツのこのような捉え方にバロック的精神の端的な表れをみる。「襞」とは、ドゥルーズがライプニッツの論理を映像化するために編み出した用語であるが、それはとりあえず、存在するものが原子の構造論的構成によって組み立てられるのではなく、無数の微細な要素の交錯や振動、波動、流動という推移と変容の流れによって生み出されるということを表す概念である。「襞の思想」は、ライプニッツというよりむしろドゥルーズその人のポストモダン的思想というべきものであるが、人間精神の様相（バロック的様相）を見事に言い表したものであろう。「バロック的宇宙は、はるかな、法外な、もろもろの調和の開花を発見した。」（一四四頁）

彼によれば、人間は二つの階層、二つの迷宮からなる（一〇頁）。すなわち、物質とその部分における連続的なものの迷宮、魂とその述語における自由の迷宮。あるいは身体と魂。上の魂の部屋は階下の身体（感覚）の部屋とのみつながった密室である。窓がなく、全面に襞のある布が張りめぐらされた閉空間である。上の部屋は階下の部屋（もちろんドアも窓もある、すなわち五感によって外界とつながっている）の運動を表象（陰翳と残響としてのイマージュ）に翻訳する。物質の折り目が魂の襞に変換されるのである。

こうして、身体的な変化が魂の部屋で旋律となって奏でられる。魂は外界から遮断されているが、階下の部屋と繋がることによって感覚情報を受け取り、それを絵画と音楽に変換してしまうのである。もっとも、このことは魂が物質の奥部（迷宮）にあり、物質の深海にあってその波に揺られていること、物質の世界そのものが襞的な褶曲構造をもっており、作曲のための素材を与えていることが前提されなければならないのだが、今そのことは問わないとしよう。むしろ、魂の部屋は薄暗く、音響的なものに包まれているものだが、その部屋に階下の部屋から光が差し込む。その光が「波の音、ざわめき、霧、微粒子の舞踏」（一四九頁）という言葉によって語られていることに注目しよう。この知覚によって魂は没我的な眠りから目覚め、瞼を開き、目の前に現れようとしている表象の暗号に目を瞬くのである。

魂における表象の流れはすべて曲線であり、褶曲し湾曲する。流れはうねりつつあらゆる変容を遂げる。規則的なオジーブ模様となり、不規則な海岸線となり、あるいは渦巻き状になり、海綿状模様や泡やたてがみとなる。たえず湾曲し、変曲点（内的特異点）を形成する。魂の世界にあるものは「曲線族」であり、魂そのものが一つの「変調器」である。

心とは何か

このような魂にあって、心とか主観と呼ばれるものは一体何か。いま、魂のなかを一つの変化（表象）が流れるとしよう（三五頁以降）。表象の流れはもちろん曲線であり、その流れは変動する方向をもつ。方向は接線によって示される。したがって表象の流路は接線の変化によって決定される。それでは心はどこにあるのか。心はこの表象の流れを観察しており、「接線にたいする複数の垂線が交わる点」に座を占めている。心とは表象の観察者なのである。もちろんこの交点は表象の推移につれて緩やかに移動していく。複雑な曲線にあっては垂線の交点は定点ではなく、曲線の推移に伴って変動するからである。その変化（心意変化）は曲線の湾曲部において曲線そのものの変化（表象変化）よりはるかに緩慢であり、曲率の変化（変化率）にしたがって複雑な運動を行う。しかしこの緩慢な心の交点の変動は曲線が変曲点にさしかかるや、跳躍して曲線を飛び越え、反対の湾曲に飛び移ってしまう。ふたたび緩慢な運動……。この定まらない不定の運動を営むものが表象の流れにたいする垂直的なもの、すなわち「観点」であり、眺めるものが座る位置である。そしてこの「観点」の座をわれわれは心といい、主観と呼んでいるのである。心は表象を眺めるものであるから表象の流れとともに位置を変える。主観は「不動の自我」といったものではなく、たえず揺れ動く「観点」の座なのである。主観は自ら変動しながら、表象の推移を垂線的に眺める。事象は交点である心に映しとられ、心は事象を追跡的に（といってもぴったりと張りつくのではなく）観望する。

ここには時間推移の論理がある。心は不動の自我ではなく、定点にあって世界を構成するものでもないのだ。心はさまざまな表象を追いかけ、それを眺める。それぞれの事象を眺めるにふさわしい座にしばらくたゆたい、座を移しては別の事象の屈曲を観望する。このような心が世界のなかに美を見届けるのである。次々と推移する地形を眺めつつ、心は大洋の波をかきわけ、山野の褶曲を越えて旅するのである。変容と反復の旅を続ける心はこうして世界にたいして深い満足を味わう。なぜ心は旅をするのかと問うことはむしろ愚かであろう。観望する心は世界を襞としてとらえ、その褶曲に美を感じる。心は褶曲の美を求めて襞を追跡し、世界を遍歴する。襞には山と谷があり、明と暗があり、外と内があり、高と低があり、経と緯がある。襞は心の眼前に拡がり、砂漠の風紋のように打ち重なる模様となって美の世界を現出させる。そのとき心は、あたかも頂から山々のうねりを眺めたときのような成就感を深い満足のうちに味わうのである。

襞の流れ

纖細の精神は個体に注目する。それはものごとを十把一絡げに纏めたり、分類したりしない。この精神がとらえる個体は自立的個体でもなければ、集合して堅固な建物を建てるレンガのような塊でもない。纖細の精神が見つめようとする個体はモナド、すなわち極小の小宇宙であり、内的な生命力を持った単体であり、朝日に消えようとする葉の上の露である。モナドは無限に微小でありながらその内に無限大を包み込んでいる（モナドは世界全体を表現する）。しかもモナドにおける包摂は世界のコピーのように満遍なくすべてを表現するのではなく、それぞれのモナドにはそれぞれに固有の表現の偏りがある（すべてのモナドが同一であるなら世界に変化は生じない）。そして類似の偏りを持つモナドは集合し連接してセリー（褶曲）をなし、襞を生み出す。この襞に同伴し、襞の波乗りを楽しむことが精神の満足なのである。精神は宇宙の襞の若干を楽しむのみであるが（そのためにそれぞれの精神は部分的であり、専門的であり、特異である）、それにたいして襞は無限であり、その襞の無限は神の前にのみ繰り広げられているのだ。神が世界の根拠であるということは、無限の襞の流れが神の許にまで届いているということである。

事象の流れとは、あるいはモナドの収束によって折りたたまれ重なり合い（世界は内化し、閉じて沈潜する）、あるいは繰り広げられて綾を表し映像となる（世界が表出され、出来事が生起する）という推移のことをいうのであろう。世界はこのような変化をたえず繰り返すのだが、観察する精神はこの推移を情趣という心の様態において受け取り、その意味を吸収する。或る精神は襞の流れを物理的な因果の作用と見、他の精神は生命の生態と見、あるいは感情のうねりと受けとめ、さらに別の精神は物語の進行と理解するであろう。事象の流れは反復的であり、変容的である。この反復によって、精神は次第に揺り動かされ、ついにはその流れに同調するにいたるであろう。精神において「成就する」とは、心がこのような反復的な流れと融合し一体化することをいうのである。

精神の知覚

ドゥルーズはいう。思考とは恒常的な属性ではなく、一つの思考から別の思考への絶えまない「旅をする」ものである。そして、世界は「である」ではなくて、「になる」であり、出来事の偉大な生起の場である（九二頁）。「旅をする」とは、精神がこのような流れに乗り、流れの推移とともに運ばれることをいうのであろう。そしてついに精神は、自己もまた「である」ではなく、「になる」であることを体得するのである。このことこそが精神の成就に他ならない。（世阿弥のいう「序破急成就」とドゥルーズの「になる」との間の発想の共通性に注目せよ。）

「になる」の精神は、古い自己と別れなければならない。というのは、精神はそれまで気づかなかった一連の小さな知覚を意識にもたらすとき、小さな「苦痛」を感じるものだが、それはおのれが新しい出来事に引っ張られていくことへの抵抗あるいは阻止によるものである。そしてまさにこの負担感が新しい覚醒を呼び起こすのである。そのとき古い自己は過ぎ去り行くもの、「死すべきもの」として闇のなかに去っていく。こうして魂はたえず屈折しながら出来事の推移を体験しつつ、古い自己と別れる。旅とは古い自己との別れなのだから（九八頁参照）。

精神の知覚とはこのような微小生起のさざ波を観望することである。知覚はモナドとの出会いであるから、何かある出来事を「感覚する」ことではない。どのような出来事もそれぞれに成就であり、多くの襞を重ねて始めて訪れるものであるが、知覚はこの推移を追跡する。それゆえ知覚は「出来事の感覚」ではない、無地の布に綾を認めることであり、襞の褶曲を読みとることである。「感覚」はそれにたいして、むしろ物質的なものの明瞭な刻印の結果である。感覚は身体に属し、外界への「開口部」なのである。

精神の知覚とはむしろ、「反響、反映、痕跡、プリズム的な変形、遠近法、仕切り、襞」といった「先行的なもの」を把握することである（一三六頁）。精神は新しい把握に向かい、把握の繋がりを求め、出来事を成就させ、そして自己を忘れる。この把握こそは、観望であり「見心」というものであろう。ドゥルーズはわれわれをコンサートホールに案内する。「音源はモナドであり、把握であり、それらが自分の知覚で自分を満たし、一つの知覚から別の知覚に移動するにつれて、自分自身の喜びで、強度の充足で、自分を満たす」（一四一頁）。知覚によって音源と出会い、演奏に心を奪われる（音楽＝襞に同調する）ことによって自己が運ばれ、出来事（コンサートを楽しむこと）

が成就するのである。

知覚の微分法

知覚は世界を素子の集合として受けとり、また素子を精神化する役割をもっている。それではどのようにしてこの微細知覚が意識の対象となり、心を揺り動かすほどの大きな感動を生むにいたるまで成長するのか。ドゥルーズはこの問題こそ、バロック的精神の要をなす問いであるという。それは部分の集合によって生まれるのではない。そうではなく、凡庸なものと顕著なものの区別、注目すべきものとそうでないものとの区別によって生まれるのだという（一五一―二頁）。慣れてしまった潮騒は耳に残らないものである。そのような潮騒もある瞬間顕著なものとして注意を引き、心に感慨を与え、あるいは悲哀を呼び起こす。それではなぜ同じ潮騒が喜びともなり、悲哀ともなり、あるいは心を揺さぶる大事件ともなるのか。この問いにたいして彼は次のようにいう。「小さな知覚はそれぞれのモナドに包摂された世界の薄暗い粒子、暗い底を構成する。こうした無限小の現働的なものの間の微分的関係が、何かを解明するのである」（一五四頁）。微分的関係、すなわち襞のうねりが心を緩やかに動かし、あるいは跳躍させ変転させるというのである。微分は微細変化の関数化であるが、その値（心の成就）は最小から最大まであらゆる数値を取ることができる。とすれば解法はその「式」にあるということになろう。事象の微細変化という変数は観点という関数に変換されることによって心の値を決定するのである（ドイツ古典時代の哲学者マイモンは、「意識の微分法」という言葉を編み出した）。

人間精神がその懐から取り出す「式」は万人の魂に埋め込まれた公理（母源）から派生したものである。そして人間精神におけるそのような母源とは推移的な時間原理に他ならない。そこからあらゆる芽が萌え出るのである。人間のあらゆる表現行為は一つの源――時制的抑制のもとに推移する襞――から流れ出している。この母源こそがわれわれの考える美意識、根源的感情の本当の源であろう。われわれはこの根底から立ち上がり、自分だけが持つ「式」によっておのれに個性的な出来事の成就を経験するのである。

6　破――襞

破の思想に戻ろう。破とは全体的なものが砕け砕けて微細な細片となって降り注ぐことであった。この砕片の一つ一つがまた全体である。言葉は語に砕け散るが、この一語はまた言葉である。物語とは、砕片の波が打ち連なって世界を運んでいく様を追跡することである。山々の畳々たる連なりが破の世界である。破の思想は連なり（襞）の累乗にその意味がある。破の論理は決してたんなる加速論ではない。累乗は重なることによって存在を加重し、襞の波となって魂の部屋を取り囲み、包み込む。累乗が成就を可能にするのである。破は襞の連なりの現勢である。速度とはこのような現勢の一つの時間的表れにすぎない。

ところで、序破急を加速度法則とみなす解釈がある。丹波明は、「序破急とは明らさまな対照、断絶を極力避け、連続時間内に漸次的に増加する刺激の量をもって時間構造を制御しようという美的原則である」と定義し、この漸進的増加を加速化と理解する。能は、ゆっくりとした序より始まり、破における速度増加を経て、急における最速にいたるというのが序破急だというのである。このような議論こそ明らさまな数量論であるが、これだけで満足しない彼は、「序破急の数式化」なるものを試み、S＝K×Log2×R＋Rという数式を発明し、あまつさえ能楽堂にメトロノームを持ち込んでその加速度法則を「実証」している(『「序破急」という美学』、2004、音楽之友社)。

序破急は出来事がその成就に向かう波状的現勢の秩序を示すものであるが、序においてはまだ襞は刻まれていない。出来事はその破において委細(襞)を尽くすのであり、知覚から意味への変換を遂げるのである。われわれは破の累乗的世界を旅することによって、はるか彼方に運ばれ、山々を観望する高みにまで達することができるのである。急の世界は破の世界のこのような運動の結末(世阿弥は「上げ句」という)にすぎない。それではなぜ序破急が森羅万象の秩序なのか。出来事は序という端緒に始まり、急という成就に終るが、その実体が破だからである。そして破はまさしく心の襞の世界であった。世界の事象は、「絶え間ない流れの中にあって、もろもろの部分がたえずそこに入り、そこから出てくる」(ライプニッツ)という仕方で流れ流れる。人間の精神もまた世界のこの秩序と歩みをともにし、共振する。破とは世界と精神とのこのような共振の構造を語る概念だったのである。

異なる文化と時代における美的意識の不可思議な共在

世阿弥は万物の現勢成就と能の展開成就との間に共通性を読み取り、そこに雅楽から借りてこられた序破急という言葉を当てたが、そこには人間精神の美的構造にたいする根源的洞察が働いていた。バロックの美的意識が見出した繊細美も同じ根源的洞察に基いていた。このことは必然的な脈絡であるが、しかし驚異すべき一致でもある。必然的であるというのは、人間精神は事象に密着し、その繊細な変化に驚くものであるからであり、驚異すべきであるというのは異なる文化と時代において美的意識の不可思議な共通性が見られるからである。そしてこの共通性を読み解くヒントは、世阿弥の「破」とドゥルーズの「襞」の思想によって与えられた。とすれば、現代においても破の思想は人間精神の美学を解く上で重要な鍵になるに違いない。

人間の生活世界は美的繊細によって織り成されている。われわれの精神は「破―襞」を生きている。破は展開でも速度でもない、重なりである。小さい物は部分ではない、全体である。ものごとの成就は一度の行いによって片付くものではない、破的な反復を経ることによって近づいていくものである。

III　反復と周期

1　反復の波へ

「破」の問題は反復の問題へと連なる。なぜか。「破」は微細変容の世界であり、推移する襞のうねりであった。そして、このうねりの底には反復の論理が貫いていたからである。

反復は人間の生の意味への問いにヒントを与える。時間が反復するということ、自然の一切と人間の営みのすべてに繰り返しが見られるということが、それを限りなく豊かにする。反復は周期を現出させ、再生を可能にする。反復は人類の長い歴史においてもっとも普遍的な人間の生活原理でありつづけた。人類は自然の反復の懐に抱かれて春秋の時を送り、自らも反復を重ねつつ潮汐のような人生を生きてきたのである。ところがこの反復の悠久性を近代の技術社会が断ち切ろうとしている。われわれの技術社会はその自己暴発によって、この反復の輪を振り切り（蝶番が外れ、あるいは脱輪して）あらぬ虚空間に飛び出してしまった。技術社会は人工的駆動力によって疾走する社会システムであるから、その反自然性の結果は必ず現れ出る。「円熟」した技術社会も自然の反復に立ち返ることがなければ、それだけ「円熟した結果」を招くであろう。

反復は、われわれが人生の深みと落ちつきを求めるならば避けることのできない問題である。時間は巡るものであり周期性を持つということ、繰り返し訪れる「そのとき」が人生の流れにアクセントを打つということ、生そのものが時の抑揚の流れに運ばれて営まれるということ、これらのことは誰もが納得し同意することである。哲学においては、この問題が主題として取り上げられたことはむしろ稀であるが、それでもそれはいつも哲学者の思索に蔭を落としていたのであった。

円環の思想

エンペドクレス（BC五世紀中葉）がすでに宇宙における反復と周期の問題を考えている。彼は、万物が地水火風の四根（リゾーマ）によって成り立ち、そこに愛（フィリア）と憎（ネイコス）という根源的な力が働くことによって永遠の運動が生じるという。宇宙は、①愛が支配し、四根が融合する完全球（スパイラル）の時期、②憎が侵入し四根が分離混合する変容の時期、③憎が支配し、四根が完全に分離し、それぞれが塊となって対立抗争する時期。愛が封印される時期、④愛が再び呼び戻され、四根の混合分離がふたたび生まれ、融合へと向かう時期、の四つの季節を巡る（『ソクラテス以前哲学者断片集』、第Ⅱ分冊、岩波書店）。そしてこの周期は永遠に回帰する。彼の評定によれば、われわれの時代は残念ながら第三期（冬の時代）に属する。分離と争いの時代である。エンペドクレスは未来の世界に春の時代を予想したのであろうが、現代のわれわれには融合の春はあまりにも遠くにあるものと悲観せざるをえない。ともあれ、ここからわれわれは西洋において、時間における円環の思想が始まったことを確認することができる。

プラトンは真の実在の意味を追跡して、魂の永世と想起の思想に到達した。人間の魂はこの世の経験によって形づくられるものではない。魂は永遠の生を営むのであって、時にこの地上に落下して物質に絡みとられた状態がこの世の生であるという。われわれはしばし現世の肉体の生を営んでいるにすぎないというわけである。彼の魂不死説はむしろ仏教の輪廻説に通じるものがある。しかしここでは彼の想起についての思想に注目しよう。想起説は真に問題的な思想である。人はなぜ美しいということを知っているのか。この問いにたいして、「生前」にすでに習得済みであり、それを知るということはこの生前の知を反復することに他ならないという答えを与える。その場合、個々の美の経験が反復されるのではない。経験とは現実世界における出来事への出会いに他ならないから、すべての経験は後天的である。そして出会いが一回かぎりであるように、経験も一回かぎりである。眺める花は次々と変わるが、美は繰り返される。反復されるのは普遍性（美のイデア）の性格をもつのである。人間は誰でも普遍的なもの（美のイデア）をもっているが、それは経験を機縁として美が再現されることを誰もが知っているからである。あるものを見て美しいと思うのは心に美のイデアが再現するからである。再現と反復可能性とは同じことを言い表している。イデアが永遠だとされるのはそれが無限の反復可能性を持つことを意味しているのである。美の体験はこの反復可能性の表れであり、永遠なるものをこの現実世界に再現することだと主張する、このような想起説の考え方には説得力があるであろう。

想起と反復

想起説の投げかけた問題は、真善美のような普遍的なものが現実の経験によって得られるのか、それとも遥か悠久の時間においてすでに存在していたのかという点をめぐっている。想起説は、人間精神を支えるものは個別的体験ではなく、そのような体験に意味を与える普遍な核であり、いわばその「基本プログラム」だと主張するのである。プログラムは実行（人生）に先行しなければならない。人間には「先在的なもの」が不可避であるどころか、それによって始めて生きることができるということをプラトンは教えている。この先在的なものはたんに素質とか能力といったものではなく、先天的なものですらない。それはいわば精神そのものの意味であり、枠組みであり、そういってよければ「論理空間」である。その空気を呼吸しないで精神はどうして生きることができようか。精神の営みは、このような先在的な枠組みの再現、すなわち永遠的なものの反復によって与えられるという思想にわれわれも同意すべきではないだろうか。

この世の生における普遍的なものとの出会いは初回ではないのだ。われわれは生まれる以前に普遍的なものの世界のいわば胎児であったのであり、永遠の宇宙の巡りに融け込んで旅を続けていたのである。この巡りを導くものは宇宙の理法とか世界の純粋なロゴスと呼ばれるにふさわしい。生命にはこの旅のなかで染め込まれたイデア的なものが内在している。しかしこの世の生では、われわれはそれに出会うまではそのものを理解しないだろう（脱色させられている——忘却している）。人は生まれるとき「忘却の水」を飲むという。そして経験とはこの脱色させられたものの炙り出しの作業に他ならないのだ。このような「普遍の復活」を人生に求めたとき、古代の思想家たちはその根拠に「魂の永世不死」を必要としたのである。人生とは自然の再生であり、宇宙の反復であり、「ロゴスの受肉」であるという思想が、プラトンが投げかけた問題である。

2 生の拍子

なぜ反復が問題なのかをわれわれの精神生活にそくして考えてみよう。われわれが考える反復はたんなる物理的運動ではない。それは人間の生に意味を与えるものであり、われわれの生きる姿を時間の相において、生存の水底のレベルから表現するものである。このようなことは可能だろうか。このことをわれわれは五つの観点（2節から6節）を切り出して考えてみることにしよう。そして、そのことによって反復の思想的意味を抽出することを試みてみよう。

第一にリズムと拍子である。反復にはリズムがなければならない。否、むしろ反復そのものがリズムである。調子が狂った反復があったとしよう。それは不規則で、だらけた生活のようなものであり、人生を台無しにするばかりであろう。生き生きとした生活には律動的な「進行規則」が働いている。生活にはあらゆるレベルの繰り返しが見られるが、この繰り返しはリズミカルでなければならず、拍子に乗っていることが大切である。そのとき反復は生の拍子を打ち鳴らす響きとして、生活者の心を高揚させるであろう。

リズムは律動的であり、そこには強点が打たれなければならない。リズムはたんなる調子ではなく、拍子であり律動である。人間の生にはそのような拍子が働いており、その精神的な営みにおいても強弱緩急の律動があることは、心臓の鼓動、歩行における関節と筋肉の躍動と同様である。一日に覚醒と睡眠がある。これは二十四時間を二拍子とするものだろう。動静明暗の二拍子である。仕事と休憩、語りと沈黙、興奮と弛緩もまた二拍子であるなら、喜怒哀楽はさしずめ四拍子といえないこともない。人の心は時計の振り子になぞらえることができるが、これはあまりにも機械的な喩えにすぎない。さまざまな強弱がありさまざまな緩急がある。これにたいして振り子は精妙な拍子の編成を描きだすことができない。

散文的な人生と韻文的な人生とがある。散文的な人生は連続的で抑揚のない時間のなかを生きる。しかし人生は散文的状態にとどまっていては次第に起伏がなくなり、単調なものとなるであろう。散文的な時間は持続する時間であり、その響きはリズミカルではなく定常的である。もっとも持続にも志操性としてのそれと惰性としてのそれとがある。志操性は確かに持続であるが、無機質な流れに耐えながらも心のうちに無言のリズムをもっている。それにたいして惰性は伸びきったゴムのようであり内に緊張をもつことができない。他方で、韻文的な人生は詩趣と諧和美を感じさせるであろう。それは精神に律動性を与え、生活を音楽的にする。しかし、人生は韻文ばかりとはいかない。韻文のみの生では、リピートし続ける再生器か、いつまでもバウンドを続けるバネのようなものであって、これでは抑揚もリズムも何ら定常と変わらないものになってしまうであろう。してみれば、韻文だけからなる人生は惰性のそれと同様にむなしいものであり、その拍子の軽やかさは志操の重力と交換し合い反復し合わなければエネルギーの消耗に終ってしまうだろう。

律動法則

生活の流れはこのように、持続とリズムとの交代であり、相互の反復である。持続は畳み込まれ留め具で固定された時間の流れであり、リズムは解き放たれ展開された時間の流れである。めりはりがあるとは、弛みと張りとの組み合わせが全体の勢いを生み出しているということであろう。生活において人は、時間のこのような二つの様態の交換が行われるとき、そこからあらゆる活力を汲み取ることができる。生活にはめりはりがなければならない。反復がそれを与える。反復が非反復と反復しあい、緊張と弛緩の交差となることによって生活にめりはりが生まれる。

パスカルはこの反復的運動を「往と還 itus et reditus」という言葉でとらえている。「自然は〈往と還〉の進み方で動く。それは往っては戻り、ついでもっと遠くに行き、ついで二倍も少なく、ついで今までかつてなかったほど遠く行く、云々」（『パンセ』、中公文庫、三五五節）。彼は時間の往還をいささか単純に捉えているが、それでもこの往還の長短が自然界の躍動を美しく表現していることは理解できる。森にはあらゆる往還の長短の交錯があり、渚では潮汐の往還のもとで生き物たちの往還が営まれている。繁華街の往還は複雑怪奇であるが、それでも夜更けになれば人の満ち潮は静まり、静寂に還っていく。

拍子はまた「踏む」ことでもある。だとすれば歩むことは拍子を踏むことでもある。歩行は人間のもっとも基本的な行動であるから、人は拍子の世界を進み、拍子に耳を傾けながら歩んでいるということになろう。散歩の歩行が安定した拍子であるなら、ランニングや跳躍は急の拍子でありアレグロのリズムであろう。手の動きは複雑で不規則だから拍子と無縁だと人はいうかもしれない。ところがものを書く手、料理をする手、労働の手、スポーツの手は足よりも律動的である。手の律動がなければ人は一字も書くことができず、一本の釘も打つことができない。しかし足の踏み拍子も手の打ち拍子も心の拍子にはかなわない。手足の拍子は心の拍子の身体的な表れである。人間の生活と行動は律動的であるが、それらすべては心の律動性に原因をもつことは、萎れた心や疲れきった心からは身体の律動が生まれないことをみても明らかだろう。

拍子の響きは自然界に満ち満ちている。森羅万象に拍子がある。それは躍動する生命の世界に限らない。「有情非情のその声。みな歌にもるる事なし。草木土砂。風声水音まで万物をこむる心あり。春の林の。東風に動き秋の虫の北露になくもみな。和歌のすがたならずや」(能『高砂』)。ギリシヤ人は宇宙の秩序は音楽の調べだといったが、われわれは自然のざわめきは和歌の調べだといおう。人の歌のリズムはむしろ自然のリズムの模倣である。自然界はこの律動法則に導かれて有声無声の曲を奏でている。

拍子は時間の緩急を創造する。時間は等速ではない。早い時間と遅い時間とがある、時間には波長がある。長い時間と短い時間とがある。これらの時間モードの組み合わせと連鎖が拍子の世界である。拍子において時間は波状となり、鱗状となる。それぞれの存在が固有の時間をもち、それぞれが自己の時間の拍子に合わせて生を営んでいるのである。

3　季節の思想

反復は季節を考えるとき、その意味が生き生きとした姿で理解される。地上の生命は一年の巡りにあわせて生の営みを完結させ、人間もまた一つの齢を重ねる。四季の巡りは万物の規準であり、「生きるものの周期」である。巡りとは存在の一回転であるが、この回転によってあらゆる生命はそれぞれの成就を得るのである。

荘子は、一切が天地混沌の世界から生じ、再びそこに帰っていくその様を次のように喝破した。

芒忽の間に雑《まじ》り、変じて気有り。気変じて形有り。形変じて生有り。今また変じて死に之く。(混沌から気が生じ、気から形が生じ、形から生が生じ、生から死が生じ、再び混沌に帰っていく。)

(至楽篇第十八。以下、訳文及び注釈は金谷治訳注『荘子』、岩波文庫による。)

そして自然のこの変転を「是れ相い与《とも》に春秋冬夏四時《しいじ》の行を為すなり。」(このような変化は一連の流れであり、四季の巡りのように循環してゆくのだ。)という。万物は「春秋冬夏四時の行」

料金受取人払郵便

神田局承認

3865

差出有効期間
平成 21 年 7 月
31 日まで

郵便はがき

101−8791

507

東京都千代田区西神田
2-7-6 川合ビル
(株) 花伝社 行

お名前《ふりがな》

お電話

ご住所（〒　　　　　　　）
（送り先）

◎新しい読者をご紹介ください。

お名前

お電話

ご住所（〒　　　　　　　）

愛読者カード

このたびは小社の本をお買い上げ頂き、ありがとうございます。今後の企画の参考とさせて頂きますのでお手数ですが、ご記入の上お送り下さい。

書名

本書についてのご感想をお聞かせ下さい。また、今後の出版物についてのご意見などを、お寄せ下さい。

◎購読注文書◎

ご注文日　　年　　月　　日

書　名	冊　数

金は本の発送の際、振替用紙を同封いたしますので、それでお支払い下さい。
3冊以上送料無料）

おご注文は　FAX　03-3239-8272　または
メール kadensha@muf.biglobe.ne.jp　でも受け付けております。

を歩み、この「四時の行」はあらゆるものに正しい秩序を与えるのである。彼はまたこのことを「天子の剣」（万物の統治）の譬えによって説明している。

天子の剣は、……包むに四夷を以てし、裹むに四時を以てす。（天子の剣は、…包むには四方の夷の大地の広がりを用い、くるむには四季の巡りの広がりを用いる。）

（説剣篇第三十）

荘子の自然哲学

荘子のこの言葉は時の何たるかを見事に語っている。時の運動原理は陰陽、すなわち気が生み出す反転する変化である。この陰陽が宇宙的拡がりにおいて働けば、天地四方の空間世界となり、時間的流れにおいて働けば、春秋冬夏四時の歳月となる。ここに見られる「陰陽四時の循環する秩序」は、循環がたんなる回転ではなく、対立（陰陽）を運動エネルギーとし、しかも春秋という生成消滅の対立と冬夏という極（反転するもの）の対立が軸組みされた座標的四元を表す思想である。四時は自然の季節にとどまらず、万物の展開原理であり、命あるものの生命法則である。四時は陰陽原理が働いた結果生じる時間の四つの構成部分であり、春秋冬夏という四つの時間区分はあらゆる存在者の生成変化における方位を表しているのである。

四時は気を珠にして天は賜《あらた》めず、故に歳成る。（春秋冬夏の四季はそれぞれに気候が違っていて、天はそれをとりかえたりはしない。だから一年の巡りが成立するのである。）

また彼は次のようにもいう。

陰陽は和静し、鬼神は擾《みだ》れず、四時は節を得、万物は傷われず、…此れをこれ至一と謂う。（陰と陽とが調和をえて落ちつき、精霊はでたらめな動きをみせず、四季の巡りは順調で、万物は損なわれず、…これを完全な合一というのである。）

（繕生篇第十六）

陰陽相い照らして、相い蓋《そこな》い相い治む。四時相い代わりて、相い生じ相い殺《さい》す。…随序の相い理《おさ》むる、橋運の相い使《せし》むるや、窮まれば則ち反《かえ》り、終れば則ち始まる。（陰と陽の二気は照らしあい、争って相手を害しあい、助けあって調和を保つ。春秋冬夏の四季は次々と移り替り、次の季節を生み出し、前の季節を消し去っている。…陰陽四時の秩序が上手く治まり、人生の交代がたえまなく展開するところ、すべては行きつけばまたもとに戻り、終ればまた新しく始まる。）

（則陽篇第二五）

荘子の自然哲学においては、時間の秩序は四季（四時）であり、この運行が順調であるかぎり万物の秩序も順調であり、人間は自然と一体になることができると考えられるのである。人間の活動も四時に則することが本来の姿であり、人生はまさしく「春秋冬夏四時行」である。われわれはこの言葉によって時の意味の深みを知り、人間と自然との合一の根拠があることを了解するのである。

春秋の思想

四時は春秋と冬夏とに分かれる。春秋は姿の移ろいの季節である。「春秋の思想」は時の推移と変化とを描きだす。年月、年齢、歴史は春秋である。春秋において時間は推移する。自然の移り行きは春秋であり、この移り行きを糧として自然はその美と趣向とを開陳する。「春山万花の艶《にほい》と秋山の千葉の彩《いろ》」（万葉巻一）ということばがある。日本人の心は春秋によって育まれてきたといっても過言ではない。常寒の冬にあって人は春を待ち焦がれる。時々刻々の変化、草木の生命流出の美、あらゆるものが豊饒に向かうかと思わせるのが春である。春は陽であり、跳躍であり、発散である。しかしこの力は「去年の秋」に貯えられたものである。春とは再生である。しかし、そのためには生命がいったん種となることが必要である。そして、この春の跳躍もほどなく停止する。そして夏が過ぎ帰路につくのである。帰路は撤退でも退却でもない。結実と収穫とが一つに溶け合ってもう一つの極に向かうのが秋である。秋もまた彩りであるが、春のそれとは趣が異なる。秋の彩りは自己への収束のために最後の発散をすることによって表れる。それは充足と悲哀のための彩りである。

人の生活もまた春秋の歩みを行う。人生の時間は直線的に進むのではない。むしろ瞬時も怠ることなく、遅速さまざまの歯車を回転させつつ春秋の移ろいを続ける。さまざまな出来事やめぐり会いは遍歴の彩りである。一日に春と秋があり、生涯に春と秋がある。むろんすべての生命に開花と収穫がなければならない。人生もまた同じなのである。これまでの長い歴史において人生の春秋を知ることが人間の喜びであった。春秋の意味を忘却した現代生活の逸脱は時間の瓦解でもあるのだ。この時の刻みの恵みを忘れる時、人生はたんなる瓦礫の集積となる。

冬夏の思想

春秋の思想にたいして「冬夏の思想」がある。冬夏とは極に当たり反転すること、表裏を返すことをいう。極があって往還が生まれる。極とは一つの意味が限界にまで進むことであり、そこで反転を迎えることである。限界に当たり、反転するには静止と保留のエネルギーが必要である。鋭角をなして踵を返すのではなく、正弦曲線の緩やかさが必要である。冬夏はこの反転が持続であることを教える。それゆえ冬夏には忍耐と緊張とが必要である。ニーチェは「正午」を謳っているが、これは極の持つ意味を語ろうとしたものであろう。

熱い正午が草原の上に眠っている。歌うな！　静かに！　世界は完成している。

（『ツァラトゥストラはこう語った』、第四部「正午に」、四三五頁）

ここで謳われる正午は、万物が極に達する冬夏に置き換えることが可能であろう。極とは成就である。一日の終わりは極であり、理想の実現もまた極である。しかしこの実現の先には何もないのではなく環の道がある。今日が往であるなら明日は環である。人はこのことを知らずに、明日に不安を抱き、理想の終焉を恐れる。この先がもはや空しいのではないかと考えることは、直線の思想に囚われている証である。春の理想は夏の極に当たり、反転して秋の理想に道を返す。

四時の思想は人間を自然の時間の悠久のもとに連れ戻す。あらゆる人工的逸脱は自然の春秋冬夏の懐のもとでは空しいものとなるであろう。万事を四季の営みのもとでとらえようとしてきた伝承的な想いは、今日でもなおわれわれのもとでも息づいているが、それは人間の精神文化の最後の砦なのかもしれない。

4　深度化としての反復

人間精神において営まれる反復は単純な繰り返しではない。精神のなかでは同じことは二度と起きないからである。精神における出来事は反復のうねりのなかでたえず変容し、深まっていくものなのである。瞬間はある種の絶対性を伴っていた。瞬間は瞬間であるかぎり反復を拒む。それにたいして反復には瞬間が必要であり、要請される。それは反復される元の出来事がまさしく瞬間だという意味において要請されるのである。さらにまた、反復はその反復の都度に瞬間と結びつき、新たに瞬間を眼前に呼び起こすことによって、たんなる繰り返しであることを免れる。

人はこれに反論して反復は惰性を生み、かえって人の心を没精神的にするのではないかというかもしれない。しかし私はいう。惰性は無自覚な繰り返しにすぎず、反復とは別のものである。反復は緊張を伴う再挑戦である。――たしかに反復が惰性に転落する可能性はつねにある。反復がたんなる繰り返しの惰性に転落するなら、それは精神の死を招きかねないことになろう。惰性とは留め具のはずれた木戸が風でばたばたと打ち揺れるようなものだ。惰性はその古ぼけた板戸をさらに破損し、使いものにならないものにしてしまうであろう。それでは、反復が惰性に転落せず、心に刻印をより深く穿っていくその条件とは何か。

反復のイロニー

哲学において、この問題に正面から戦いを挑んだ稀有の哲学者はキルケゴールであろう。彼は『反復』という名の個性的な自伝的著書を著しているが、そこで彼が問い求めた問題は「真実なものとの出会い」ということであった。人間にとって本当の行為は一回限りではないか、二回目ということがはたして可能なのかということを彼は問い詰める。

私は、反復というようなことが可能であろうか、それはどのような意味をもつのだろうか、ものごとは反復されることによって得るところがあるだろうかという問題をながいあいだ考えめぐらしていた。

（『キルケゴール著作集』第5巻、白水社、二〇五頁）

そして「人生は反復であり、反復こそ人生の美しさである。……反復をえらんだ者のみが、本当に生きるのである」（二〇七―八頁）と彼が語るとき、そこには敗者の輝きを髣髴とさせるものがある。この問題は、人は行為のやり直しをすることができるかという深刻な問いに置き換えることができるであろう。そしてキルケゴールはこの問いにたいして、二つの核心となる思想を示しているように思われる。

その一つは、反復は想起（回想）と反対の道、すなわち行為のやり直しという人生の残余の可能性の道を進むという問題である。彼は反復と想起とは反対の意味を持つという。想起が過去のしがらみに絡み取られているだけであり、どこまでも認識にとどまるのにたいして、反復は未来に向かうものであり、生きるための賭けを促すものである。反復とは、「かつて存在した現存在がいままた現存在になる」ということであり、自己の取り戻しの行為である。それゆえ反復に向かう心には再起への意志と生命力がみなぎっている。ところが、現実の昼はもう過ぎ去っており、反復はもともと成就しない運命にある。むしろ反復の決定的な意味は、一旦なされた行為が永遠に取り返しがつかないということを実証するところにある。行為の一回目は悲劇であるが、二回目は喜劇に終らざるをえない。行為とは一回きりの落着であり、終ったときにはすべてが終ったのであり、失われた時は永遠に回復不能でなければならない。それにもかかわらず反復は「もう一度」を促す。そして人はこの不可能な反復に立ち向かうとき、行為の成就においてではなく自己の内部において何ものかをつかみ取り、新しく再生させる。

それゆえ、もう一つの核心は、反復の真の意味が、行為そのものの内にあるのではなく、そのような行為が不可能であることを知った自己の内にあるということにある。彼は反復がイロニーであるという。われわれはもともと唯一の一回の行為に賭けるしか道がない。それでもなお人は二回目に賭けようとするが、そのとき人生はイロニーに満ちたものとなる。反復が不可能であることは反復者自身にわかっているからである。このイロニーは避けがたく、いわば精神の運命なのである。そこにはむしろ宗教的な自己超越のまなざしさえもが感じとられるであろう。彼の思想はたしかに反復の臨界線を睨んでいる。人生は単線であり、持つことのできる切符は片道である。ふうてんの寅さんのように何度も柴又に帰ってくることはできない。立ち返ろうとすれば、世界はすでに変貌しており、自己も改変を余儀なくさせられている。一回目の行為においても自己を問うたのであるが、反復の立ち返りは自己への反問としての、それどころか「責め苦」としての立ち返りである。そして立ち返りという意味では、反復によるそれが真の立ち返りであり、より深いものである。反復によって自己は自己の限界を知り、自己を超越することができる。この自己に比べれば、一回目の自己はまだ自己を理解していず、「自分自身」であることの意味がわかっていない。それゆえ反復はその行為に意味があるのではなく、自己超越にその真の隠された意味があったのである。

われわれは反復の探求において、キルケゴールのこのような思想にある種の戸惑いを感じる。たしかにすべての行為は一回限りであろう。そして一回限りの行為は決して反復しないだろう。しかし、むしろそれは瞬間の思想というべきものであり、行為の決定的意味と永遠性を語るものとして理解すべきではないのか。そして彼はどこまでも瞬間の立場に留まり、反復に進もうとしなかったのではないか。それゆえ、反復に進もうとするわれわれにたいして、彼は、行為の永遠の決定という根本事実のもとで、安易な反復を阻止し、反復の秘密が一体どこにあるのかを考えよという謎をかけたのではないか。

侵食作用

この逆説的な反復論に対して、反復の絶対肯定論を述べたのはニーチェである。彼は行為の絶対肯定の立場をとる。彼は、行為はそれが意志の力の端的な表れである場合には絶対的な意味を持つと考える。そのことを確認した意志は「よし、もう一度！」と叫ぶ。そしてこのことには何の制約もないから、行為は無限回肯定されることになる。それゆえ彼の永遠回帰論は永遠反復論なのである。むろん彼もまた、行為の事実結果に反復の意味を求めているのではない。意志が絶対であることが彼の理想値であり、この理想値の実現のために無限反復が要請されるのである。もとより「よし、もう一度！」は人生の再来、再生でなければ意味がないであろう。同一の繰り返しは彼自身が自覚しているようにニヒリズム以外の何ものでもない。絶対肯定が絶対否定と一つになる。ニーチェにおいては絶対意志（力への意志）が無条件に肯定されるために、かえって単純な純粋反復（まったく同一の永遠の繰り返し）が要請されるという奇妙な事態が出現しているのである。行為の無垢を主張するキルケゴールの場合には、反復は自己超越を呼び起こしたが、意志の完遂をしか顧みないニーチェにおいては純粋意志による自己同一のみが絶対的価値であり、反復はそのエコーでしかない。それゆえ、われわれはこのような意志のドグマにも寄り添うわけにはいかない。

　これらの思想にたいして、われわれは自熟（自己習熟）と自己深化への道としての反復を掲げよう。反復は確かに表れとしては行為の繰り返しであるが、その意味は行為と行為との「間」にある。この「間」こそが精神の領域なのである。無論、起こってしまったことは現に起こったのであり、起こらなければよかったのになどと思うべきではない。いかなる行為もそれぞれに一つの出会いであり、それがどのような行為であろうとも、行為としては一回目であり、何らかの創造的な意味がそこにはあるはずである。いかなる人間の行為もコピーになりえない。反復もまたコピー的反復であることはありえない。表れた行動は再現的であっても内面的には大きな変化を経たものでなければならない。キルケゴールにたいしては、取り返しのつかない決定的行為は、まさに取り返しがつかないというその点においてもっとも強い反復力をもつ、と言おう。自熟とは取り返しがつかないことでもあるのだ。反復は、実際にそのことがもう一度なされるというところにその意味があるのではなく、「そのこと」が繰り返し押し寄せて来、心を侵食していくというところに本当の意味がある。心が「そのこと」を想起し、反芻し、再現前化するとき、反復はすでに生じている（内的反復）。現実の一回限りの行為は、心において限りなく反復されることもあれば、注視されることもなくそのまま消えて行くこともある。心に反復され続けているかぎりその行為は生き続けているのであり、それどころかますます大きな意味を獲得して、心を占領することさえあるのである。精神としての自己はとどまることを知らない。一つのことに関わっているその最中に精神は過去と現在とを限りなく往還し、未来にむかって歩みを運んでいる。それゆえ反復は内面的行為であり、繰り返されて燃え広がっていくものは「意味」そのものである。

5　反復と過去

それでは意味とは何か。意味は一回で形づくられるものではない。意味は累乗のうえに成り立つ。反復のその都度に新たに生まれる意味が幾重にも折り重ねられて、意味は変化し重層化する。

意味の真の価値は、それが重厚であり、多重的であり、「古生層」的な深みをもつところにある。人は簡単に即座に意味を求めようとするが、辞書からえた知識を受け売りしただけでは意味を会得したことにはならない。意味とは根を張り成長するものであり、その熟成には時間がかかるものなのである。

さらにいえば、意味は歴史的である。時の推移とともに意味は姿を変えていく。同じ事柄であっても、人生の段階、自己の年輪、時代の変遷に応じてものごとの意味深さは変貌するものだ。「心の欲する所に従って、矩をこえず」という孔子の言葉は、ものごとの意味が自己に十分に浸透することによってえられる自由の境地を語っている。それぞれの時代もまた固有の意味を形成する。人間社会の全体もまた大きな反復の流れだからである。われわれがとらえ、見据えている意味はそれぞれに唯一独自のものでありながら、歴史的な普遍性と共通性をも受け継いでいる。われわれの行為そのものが、たとえそれが初回のものであっても、無数の人びとによる行為の歴史的な積み重ねのうえに、したがって歴史的反復のうえに成り立つものだからである。たしかにわれわれは意識の檻に閉じ込められているかぎりでは単独であろう。しかし心に湧き起こるすべてのものを見つめるがよい。それらはすべて「単独」ではなく、オリジナルですらない。心とは湖水の表面のようなものであり、明るく四周の景色を映し出しているが、上から眺めると水深の藍色の底が見通せるであろう。現代文化を謳歌するわれわれの心の湖面ははるか悠久の地下水が流入することによって豊かに満たされるのであり、むしろ最近の流れは上層の混濁を作るにすぎない。

われわれははるか彼方の何ものかから養分を譲り受けて、それを生命の資源としているのである。

集草トラクター

この点でドゥルーズの思想は、反復を習熟と深化の過程としてとらえるという見地を示している。彼は反復のこのような意味形成的性格を「受動的総合」と名づけた。人間の行為は「現在のなかで過去から未来へ進み、したがって個別的なものから一般的なものへ進むのであり、そのことによって時間の矢を方向づけるのである」(『差異と反復』、河出書房新社、一二〇頁)。この時間の方向に背を向けて、受動的総合は過去に向けて行為を折り畳んでいく。個々の経験は折り畳まれることによって安定した過去へと沈殿する。自己はそれをおのれの血肉とし、自己形成の内容として保蔵する。そしてそのように「総合」された一般的なものが「過去」を意味するのだという。反復はこのように過去を築き上げていく行為であるが、集草トラクターのように、行為を時間のベクトルに合わせ未来へと押し出しながら、その意味の束を後方に置いて行くのである。人は過去を持つことによって自己を自覚することができるが、このことは反省と持続としての反復が精神の内容を形づくることによって可能となる。このような意味をもつ受動的総合とは、行為が心のうちに巻き取られ、畳み込まれて純粋過去＝記憶（もはや変更されない私）となることであり、逆にこの記憶によって習慣的行為が形成されていくことである。彼はこの反復を経験する自己を「受動的自我」と呼び（同書、一四三頁）、能動的な自我（こちらが一般に考えられている自我であるが）よりも根源的なものだと主張する。

ドゥルーズは、反復とは現実的なものを凝固させる（体内化する）過程だという。反復の受動的総合は、おのれ自身の意識と自覚を飛び越えて、自己の深部に潜在的な欲望主体を形づくるものである。そしてこの欲望主体が未来の行為を方向づけるものに他ならないという。欲望はたんに生得的なものではなく、反復的＝習慣的なものであり（欲望は反復によって作られるものである！）、無意識にまで「純化」されたものである。ここから彼はエロス（欲望）とムネモシュネ（記憶としての過去）を結びつけるが、われわれは彼のこのような議論から、過去―現在―未来という時間構制が欲望的な自我の生成と運動の過程と一体であるととらえ、反復から欲望の論理を紡ぎ出そうという彼の戦略を読み取ることができよう。

彼はさらに言語行為を反復から説明することをも目論む。反復は潜在化され、体内化された記憶を再び再現前化し、自己の表現とする働きでもあるが、この再現前化は言語活動でもある。人は言語によっておのれの潜在的欲望を顕在化しようとする。再現前化は自己の体内にある過去を呼び起こす行為であるが、これは言語によらないでは不可能であろう。この衝動がむしろ言語を必要とし生み出したのだと彼はいう。それゆえ、「反復は言語の力である」（同書、四三二頁）。人が何かを語るとき、そこには反復によって獲得された欲望を未来に向けて表出しようとする働きが見られるというのである。こうして反復の問題は、ドゥルーズによって欲望主体論に取り込まれるのであるが、われわれは、過去が欲望生成の場であるか否かはさておき、過去と記憶の問題に彼が新しい意味を付け加えようとしていることに注目したいと思うのである。

反復は人生の時間の流れを、過去と現在と未来に編成し、深まりゆく時間を可能にしたが、このことが空間においても生起していることを多くの思想家は見逃している。そこでわれわれは反復の空間的意味を次に考えてみよう。

6　反復する空間

時間に反復性があるとすれば、空間にもまた反復が見られることは当然のことであろう。時の経過のみに反復があるのではない。空間にもまた反復があり、それどころか空間はいたるところで波打っている。空間の拡がりは単位（unit）の延長として理解することができるが、この単位が一つの周期（節、振幅）となって大きさと拡がりとを生み出している。空間はその有節構造（単位の展開）によって反復している。それゆえ世界の拡がりは単純ではない。それは反復の展開であり、それを構成するものは周期（一つの単位）である。

長さにおける単位は時間におけるリズムに相当するであろう。単位がリズムよりも根本的であることは、リズムが長さによって測られるということによく表れている。およそ反復は単位の重なりであり、それは次々と（時間的に）表れるよりも、まず今この目の前に脈々累々と（空間的に）繰り広げられている。むしろ空間的な反復を走査することによって時間的反復が生まれるのである。それゆえ、われわれは時間の反復と空間の反復とを組み合わせて、反復の生きた姿を「時空のデュエット」において描きだすことが可能であろう。

共時的反復

われわれはこれら二つの反復を通時的反復（時間的反復）と共時的反復（空間的反復）と呼ぶことができる。ところが多くの場合、人は後者の反復のことを忘れている（ドゥルーズにおいても反復は時間の流れにおける変容的回帰のみであり、空間もまた変容的に反復するのだということに注意が向かっていない）。反復は時の流れであるとともに、「拡がりの流れ」でもあるのだが、人は拡がりを余りにも安易に単純な延長として捉えている。のっぺらぼうな空間はユークリッド的ではありえても（現代の物理学はこれをも認めないが）、「人間の空間」ではない。人間空間は本来、場所・処としてあり、すべての点（場所）が固有性をもち、独自の内容を包み込んでいる。都市と農村とは異質の空間であり、室内と道路とではその違いははっきりしている。壁を一つ隔てるだけで互いに見知らぬ生活空間となることがあるのだ。そして、場所における変容ということが共時的反復に質的な意味を与えている。空間は生きる場所であるから、その基本的な意味と性格とを究明することは生の営みを考えるうえでのもう一つの鍵となるのである。

それでは共時的反復とはどのようなものをいうのか。例えば、われわれは渚に立てば波が次々と押し寄せてくるのを見るが（通時的反復）、大洋に出れば無数の波が果てしなく広がっているのを見る（共時的反復）。森もまた、そのなかを逍遥するとき次々と樹々が現れるが、尾根から眺めれば緑の限りない共時的反復が続く。繁華街の人波も出会う人々は流れとなって押し寄せるが、ビルの窓から眺めれば空間のさざめきにすぎない。「つぎつぎ」は「うねうね」の体験的な置き換えなのである。山々の連なりは反復であり、田園風景は反復である。結晶岩石は定角の反復であり、天体や銀河は悠久の反復である。文様や図柄もまた反復であり、綾ある布は一尋の反復である。森は反復であったが、樹もまた反復であり、葉はさらにその反復である。鳥や蝶はその縞模様や翅模様だけが反復なのではない、それらを編み出す羽毛や鱗粉もまた反復である。自然界は反復的世界であり、生命界には反復法則が貫いている。われわれの顔もまた相互に「人間を反復している」。われわれは顔が絶対他性（断絶）だというレヴィナスの主張に与することができないであろう。むしろ顔こそは人間世界という空間において、ざわめき重なり合う海原の波である。そして顔の反復性が何よりも人間の共時的な繋がりを表しているにちがいない。

無尽の反復

反復は瞬間から始まった。それでは反復の海を開闢するという瞬間とは何か。一つの瞬間像とは、ある未知のものが私と衝突し眼前を覆いつくすこと、一陣の吹き抜ける風が心の堆積を払い去ってゆくことに他ならない。それだけではない。この不意に訪れる風は私と衝突するとき、きらめく砕片となって四周の空間に飛び散るのである。瞬間の映像はたんなる一つの具体像なのではなく、無数の輝きとなって天空を覆う。瞬間は時間のなかでは一つの点にすぎないが、その瞬時においては全体の拡がりであり、私を包み込むものである。そして次の瞬間には、瞬間は飛散し、四周の反復となって無数化する。瞬間像は四方からの反響を引き起こし、無数のエコーを生み出す。瞬間像は単一の輪郭線で描かれるのではない。輪郭は振動し、はずれて無数の多重像となり、重なり合って一つの映像に戻る。心の感動とはそのようなものだ。瞬間に打たれた心は震え、振動の飛散によって映像を四周に多重化したのである。感動によって受けとめられた瞬間は心の全体を揺り動かすものだから、あらゆる方向に映像を飛散させ、主観に方向感覚を見失わせる。確かにその方向に瞬時その映像をとらえたのだが、一瞬にして映像は飛散し天空を覆いつくす。持続する意識の流れにおいて映像は一重であるが、瞬間に打たれたとき映像は無限に拡がり重なりあう。

このことが、なぜ人が文様、模様、襞、モザイクなどの反復的なものを好み、単位の無数の展開に美を見出すかという問いにたいする解明の鍵を与える。模様には単位がある。この単位が源基となり、そこから経緯の拡がりが生まれる。拡がりはそこに規則性があるとき配列となる。そしてこの配列が漸次的に変化することによって、重層と延長の波が拡大し、空間を振動させ、見る者に躍動の印象を与えるのである。この躍動にさらに色彩と陰翳とが加われば、この反復的世界は美そのものの化身となるであろう。自然の事象や景観の組成はまさしくこのような働きによって編成されているのであり、布の紋様や経典の書も同様である。反復は世界のいたるところで「青海波」と「万葉」を描き出している。およそ世界のあらゆるものが反復美によって埋め尽くされている。反復、重なり、連なりはそれを観照する者に充足感と広大感と安堵の心とを与える。無限と無尽の豊かさをそれらは暗示しているからである。反復は自然でありながら自然を超えるものへと人を導く。

文様の思想は言語の思想と共通である。一つの反復は一つの像を表現している。そして反復の移行は表現の変化を生み、そこに一つの意味を発生させる。変容する反復の鎖（セリー）は意味の具象化の連綿となり、そこに言語的な表現の流れが発生する。それゆえさまざまな波形図（唐草模様）やモザイクや連続記号は言語の一歩手前ということができる。像から記号へ、そして言語へ、反復は像を言語にまで機能化させることによって、連鎖的に表象し思考する精神を築き上げてきたのである。自然のうちに反復の映像を見届けてきた精神は、意味の世界にたどり着くとともに言語世界を築き始めたのである。

言の葉

一つの言語は一つの葉（言の葉、word-leaf）である。ハイデガーは日本語の「言葉」の表記をはじめて知ったとき大いに驚いたという。彼は『言葉についての対話』という興味深い著作を残しているが、そこでは「問う人」が「日本の人」と次のような会話をしている。

問う人　《Sprache》に当たる日本の語は何と言いますか。
日本の人　それは《Koto ba》といいます。
問う人　で、その語はどういうことを言っておりますか。
日本の人　ba は葉（Blätter）です、またそれははなびらをもさします。さくらや梅の花のことを思ってください。
問う人　そして Koto とは？
日本の人　その問いは最も答えにくいものです。……しかし〈こと〉は、同時にいつも、その時々において魅了するものそれ自体をさします。それは、繰りかえしえない瞬間瞬間に、溢れんばかりの優美さによるはたらきかけをそなえて、たぐいなく輝き現れてくるのです。
問う人　では、〈こと〉とは優美からの明らめる「たより」の事実的生起ですね。

（『ハイデッガー選集』21巻、理想社、一〇四頁）

言語はまさしく「葉」の変容的反復だったのである。それゆえ、「万葉」という言葉は言語が無数の反復のうねりとなり、幾多の歌を生み出し、詩の世界を構成することを見事に言い表した表現だったのである。

反復の思想

このような反復の思想を宗教的な意味において具現したものに曼荼羅がある。曼荼羅は諸仏・菩薩とその象徴である浄土世界を描いた絵図である。それはその細密様式においてイスラムのアラベスクに匹敵し、その静謐性において東方キリスト教におけるイコンになぞらえられるであろう。しかし私達の関心はその反復性にある。その中心には本尊(中尊)の大日如来が描かれることが多く、四周に諸仏が「反復」する。そしてこのことによって仏の無尽の本質が表現される。四周の諸仏とは本尊の諸力が変容しそれぞれに「たより」として現れたものであろう。

仏の世界は無限の同心円的な機構を形成していると考えることができる。仏性(理想的存在の世界)は単独的なものによって尽くされるのではなく、集合しさらに無際限化して繰り広げられる諸領域(神々の世界)において現出するものだ、という思想がそこに見られる。曼荼羅はそのような仏神の重畳と重なる世界、救済の反復的本質を図解したものということができる。心の救済には、単独の究極者に触れて救われる場合と無尽の反復に触れて救われる場合とがあろう。無論、仏教は後者の救済を表現している。われわれが曼荼羅に触れたときに覚える救済感と安堵の思いは、諸仏が波となり、花園となり、星辰となって人間精神を包むことによって生まれる。この反復世界に身を置いたとき、人びとは、妄執に閉じ込められ凝固し岩屑となった自我が揺さぶられ、溶解し、戒めから放たれるのを感じ、自由な呼吸を回復することができたのであろう。

究極的存在者と反復的無尽とはじつは別ものではない。人は宗教を一神教と多神教とに分けることに大した思想的意味を求めたがるものであるが、両者は同じ一つの本質を表現するさいの民族的文化的な方法の差にすぎない。反復は一つのものの変容であり多であるが、同時にその無限の拡がりは一つの全体、一枚の布を意味するのだから。卑近な例にたよれば、唯一神は錠剤であるが反復神は散剤であり、後者は身体への浸透力において錠剤よりすばやいのである。

反復はその無限の多重性によって美の根拠となる。それが四方に拡がることによって全方位性の感覚（包まれてあることの感覚）を生み出し、そこに自由と充足の感情を呼び起こす（束縛には方向の限定と進行の阻止とがある）。反復とは一つの形象に囚われず、閉鎖された空間に閉じ込められないことでもあるのだ。われわれは、反復のもつこの意味、すなわち既存の枠からの脱出、「たえざる次」の創出を超越と呼ぼう。そしてそこに得られる自由と充足の境位こそが超越ということの真の意味を教えてくれると考えよう。反復は人間の営みにおける超越ということの具象的な姿を現出している。そして超越とともに人は宗教的な世界に導かれていく。

万華鏡

万華鏡はなぜ多くの人の心を魅了するのか。万華鏡においては一つの構図が「反照」して、その周囲に無限の反復が繰り広げられる。万華鏡はまさしく共時的反復を描き出している。原構図はエコーとしての無数の反復像に取り囲まれて、そのなかに消え失せる。ところが次の瞬間にはまた無数の模様のなかから一つの構図が浮かび上がり表れ出る。万華鏡を覗きこむ人は、中心なき無限の模様の世界のなかにすべりこみ、四方八方への限りのない光の放射に吸い込まれる。万華鏡は瞬間の反復像の体験道具なのである。瞬間に遭遇した心は、瞬時そのような万華鏡の世界を覗き込んだのであろう。一瞬、心に無数の反照が押し寄せ、次の瞬間には構図が変容し（万華鏡が回転し）、瞬時に反射像も入れ替わる。一つの瞬間は一つの思いの反照を全空間に拡げるが、次の瞬間にはこの構図は変容し全空間もまた変容する。一つの構図は一瞬のうちに次の構図に変換される。してみれば、瞬間そのものもまた反復しているのかもしれない。自然的には（時間の流れにおいては）瞬間は一つの「とき」であるが、心の受容においては瞬間そのものもまた振動し、瞬間のその瞬間に瞬間が飛散しているといえないわけはない。だから瞬間はそれが瞬間であるかぎり、一義的に固定することができないのである。瞬間はとらえられたその瞬間に姿を消し、次の瞬間に反復する。

反復の草原

存在する諸個体、たとえばわれわれの人間存在や、あらゆる生命体は反復ではなかろうか。とすれば、あらゆる生命種の個体集合は共時的反復を映現しているのであろう。多くのものが同じ時に同時に存在すること（同時存在）、これが世界の生きた意味をなしているのであり、諸存在が一つの共生空間（生命圏）を生み出すことの真の原因である。この問題は単位と無限、部分と全体、個と類の関係の問題にまでつながる。個とは一つの存在者であるが、その個が限りない同時存在者に連接しており、大きな全体的運動を形成しており、全体の流れによって包まれていることが、世界の側においては共同性の原因となり、個の側においては生存の最大の恩恵、存在理由となっているのである。一つの波は周りに無数の波があることによって波として存在する。同時存在という原理は個体の救済原理であり、生存原理である。同時存在の原理によって個は全体に包摂され、全体を自己の生きる場とすることができる。通時的反復は生の流れを表現したが、共時的反復は生の構造を表しているというべきであり、一個の生が分節的に拡がる世界の一員であることを教えるのである。

こうして時空の襞としての反復がその全体においてとらえられることになる。人間精神は反復の襞を必要とする。無区別の平板の上を人は生きることができない。それは摩擦のない氷上のようなものだ。ウィトゲンシュタインの言うように、「われわれはなめらかな氷の上に迷いこんでいるが、…そのために先へ進むことができない。ざらざらとした大地へ戻れ」(『哲学探求』107、ウィトゲンシュタイン著作集第8巻、大修館書店)。われわれもまた次のように言おう。大地とは反復の草原である。人生とは大地のざらざらとした草原を限りなく歩むことである。

Ⅳ　追憶と志操

1　追憶としての過去

過去とは何か。われわれは過去の真の意味を探し求めようと思う。過去はすでに過ぎ去り経験された時間であるからわれわれは熟知しているはずであるが、不思議なことにその意味を考えようとすれば問われた対象は霧に包まれ姿を消してしまう。過去とは何かという問いは哲学者たちにとっても大きな躓きの石であった。この問題ほど哲学者たちが問うて道に迷った問いは他に例が見られないほどである。彼らは過去を事実としてとらえようとして、その不可解さに苦しみ、その正体を見失ったのである。時間の問題についてのアウグスティヌスのよく知られた嘆きはこの事情を明らかさまに伝えている。

われわれが会話のさい、時間ほど親しみ深く熟知のものとして言及するものは何もありません。……ではいったい時間とは何でしょうか。誰も私にたずねないとき、私は知っています。たずねられて説明しようと思うと、知らないのです。

（アウグスティヌス『告白』第11巻14、山田晶訳、「世界の名著」第14巻、四一四頁）

時間ほどわかっているつもりで、いざ人に説明しようとするとわけがわからなくなるものはまたとないのだ。多くの人は現在や未来について語る。これとても不可解の世界なのであるが、過去はこれらに増して闇に包まれている。過去もまた時制であり時間の様態であるが、それだけではまだ問題は何も解かれたわけではない。過去には中身があり、現在のわれわれの精神文化に荷重を与える壮大な質料があるのだが、多くの人はこの質料の正体をつかめないでいるのだ。しかし、その内容が明らかにならなければ過去は解かれることがないだろう。

追憶は人を過去の世界に導き、過去の意味をよく教えてくれる。心に打たれた体験や光景やことばは過去のこととして保存される。むしろ過去の世界とはそのように心を打たれた経験が保蔵された世界のことではないか。むろん経験のすべてがそのまま保存されるというわけではない。過去は心のなかで次第に形づくられていくものなのである。追憶は準現前であり、私の心のなかにとどめられている。それは心のなかに棲息し語りかける過去である。打ち寄せる波が浜を洗い貝殻を置いていくように、またすこしづつ岩を侵食し造形を整えていくように、そのように時は心の襞を洗い流しまた刻みつけていく。波に洗われ確かな造形となった過去が追憶の名に値する。人は消えることのない追憶の残り火を胸中に暖めつつ生きているのである。追憶を抱くことを知らない心を考えてみよう。そのような心は断片的な現在に追いかけられ、落ちつくところを知らず、目前の事象にたいする反応だけを生活のすべてだと思い込むことだろう。そのような心は振り返ることをしないだろうし、立ち止まることも知らないだろう。現在をしか見ない精神は限りなく無機質になり貧しくなっていく。必然的に経済的物理的なものに心が占領されていくからである。豊かな心とは、追憶された過去の重層を持ち、それゆえ現在のなかにありながら過去の渚に戯れることのできる心のことをいうのであろう。

追憶とは距離への想いである。間近にあるものにたいして人は追憶することをしない。それが追憶となるためには、そのものははるか彼方に居所を置かなければならないのだ。生きることの意味を問いつつ歩む人は追憶の気配をいつも感じている。しかしそれを現在の流れのなかに連れ出そうとすれば、それは物陰に隠れようとするのだ。追憶は心の後方から出てこようとはしない。追憶の息づかいを感じるためには、人は現在から離れなければならない。現在の喧噪から身を引いてひとり静かに自己のうちに籠もるとき、追憶はざわめき立ち足もとに寄り添ってくる。

追憶されるその対象は過去の事柄であり、もはや彼方に去り、そこに戻ることも触れることもできないものである。それは逆行不可能な彼岸にあり、現在との間には越えることのできない時間の奈落が横たわっている。否むしろ、逆行できないという絶対的懸隔のうえに追憶は成り立っている。しかし追憶しているそのとき、この絶対的懸隔の裂溝は埋められ、現在と過去とは一つに溶け合い、人は時制の境界を乗り越えることができるのである。追憶する人にとって現在がいかなる時かはどうでもよいことである。追憶しているというまさにその営みにおいて現在が立ち去り、過去が蘇り、過去の流れに身を任せているのである。その過去が実際に生起した過去であったのかとか実際にどうであったかいうことはどうでもよい副次的な問題である。追憶の精神はそのような「事実問題」には関心を寄せない。追憶の過去はいま息づいている過去であり、住まわれる過去であり、「いま」は現在ではなく過去なのである。

追憶の息づかい

追憶は記憶ではない。記憶は過去が過去として留めおかれ脳裏に記されたものである。記憶は記録であるが、追憶は記録ではない。追憶は生命をもち、息づいており、変容する。生きているというまさにそのことによって、追憶の対象ははるか彼方にありながら、その反射は月が夜の大地を静寂のうちに照らし出すように、現在のわれわれの心に微光を放っている。息づくことのない追憶があるとすればそれは記憶でしかない。追憶と記憶とのあいだには、舞台と台本との差がある。記憶は保存であり、いつでも取り出すことができるが、追憶は現出であり、それが追憶されているという行為を指し示すのであり、それゆえかならず本舞台である。記憶においては過去のある時点において何があったかが問われるが、追憶においてはいま私が何を想っているかが問われる。追憶は過去の自由裁断であり、静止的で決定的な映像、一つの情景の立ち表れである。その場面は実際に存在しなかったかもしれず、そのときの夢想であったかも知れない。それでも構わない。いまの私に深い感慨を与えることのできるものが追憶の資格をもつのである。

追憶のその再来者は外からやってくるのではない。さまざまな追憶とその反響はいまこの瞬間にも心の襞かげにその姿を隠しており、かすかな息づかいによってその気配を感じさせているのだ。追憶はそれが表れていないときにも私のなかに住み、隠れている。むしろ心に充満しているものは追憶の霊気のようなものであり、それが消えてしまうと私の心も萎えしぼんでしまうという性格のものなのだ。潜む追憶によって心は過去という生命の大地に結びつけられるのであり、このことが失われれば心は固定ロープがはずされた気球のようにあてどもない浮遊を免れないのである。

人は現実への態度と未来への構えが精神に必要なすべてであり、過去はすでに終ったもの、もはやどうしようもないものだと考えるかもしれないが、そのときこの態度と構えが何を栄養とすることによって生まれてきたのかを見落としている。木は大地に根を張らなければ生きることができず、木に流れ込むものは大地の栄養である。そして人間の精神はこの木に栄養を与える大地になぞらえることができる。精神はその働き（作用）においてよりもその働きを促す元としてより大きな意味をもつ。精神とは諸能力を生み出す大地のようなものであり、諸能力を育み、それらの働きを活性化させる源泉である。精神は座であり場であり世界である。精神を能力とその働きとのみ解してきたことが近代の大きな過誤であり、人間を機能的なものに矮小化させ、その存在意味を不可解なもの、適切に説明できないものと思わせてきた最大の理由の一つなのである。精神を過去の縮約としてとらえ、過去の棲息圏の視座から眺めなおせば、この困難が人間の深みを力と取り違えた点にあったことがよくわかるであろう。

追憶の山脈には大きな峰々がある。それらは例えば幼年期、学校時代、青年期のさまざまな体験であり、結婚や大切な出会いであり、あるいは故郷の情景である。しかし追憶には暗黒の山脈もある。後悔、罪の意識、失恋、死別——これらの苦しい日々も心の絆にしっかりと結ばれている。これら自己の人生を決定するもの、あるいは生涯抱き続け負い続けなければならないもの、これらが追憶の内容であり、生き続ける過去の事例である。追憶の山脈は人の心の生活史を形づくる。現在の私はこの山脈の端に立っているのである。現在の私は無論この山々をはるばる踏み越えてきたのであり、いま自分史の尖端に立っているのである。そして、いま私は次の峰を登ろうとしており、この山脈の踏破をさらに進め、過去をさらに伸張させようとしているのだ。

過去への旅

しかし過去の世界は自分史の枠に留まらない。精神の包容力は自己の肉体的生命をはるかに超えている。およそ人間世界に属するものは悠久の時間を超えて私の経験世界となることができる。精神とは教養の住処であるが、この教養が私の一個の生涯体験世界を大きな布で包みこむのである。私の精神は自分史だけによって作られているのではない。この意味で人間は自己の内に世界教養史をもっている。私の言葉、私の知識、私の判断、私の趣味等々は無窮の過去の海から汲み取られてきたものである。私のなかのよきものは間違いなく過去の学びによって得られたものである。私はソクラテスに会ったことはないが、彼を追憶する。廃墟の訪問者は過去の栄華を追憶するが、追憶の縁はなにも廃墟に限られない。われわれが親しく触れてきたものはすべて追憶を誘うのである。芸術家は絵を描くとき偉大な作品を追憶し、信仰者は祈りにおいて神を追憶する。

この意味で精神とは歴史なのだ。それゆえ人は豊かな教養を持たなければ自らの精神を豊かにすることができない。

それでは人は縁にふれて何を追憶しているのであろうか。過去の出来事や人、体験や知識であろうか。否、である。これらはそれだけでは記憶と異なるところがない。それらが追憶となるためには、なぜそれらが想い起こされるのかというその「理由」が存在しなければならない。そしてその理由は追憶されているそのもののもっと奥にある。それは追憶するその心自身も見定めることのできない遥かなもの、虚空的なもの、あるいは運命的なものである。追憶する心はある種の懐かしさに駆られており、彼方からの呼び声に惹かれている。それは或るルーツ的なもの、普遍的なもの、憧憬的なもの、そして根源的なものである。それはまた人間の出生の秘密のようなものであり、人間が太古の昔より必要とし求めてきたものである。追憶されるものは諸価値の光彩に包まれている。それは人間に意味と価値とを与えてきたものであり、精神の諸成分を形づくってきたものである。そして、そのものが今の私の精神の核をも形成しているのである。

過去は現在の生と繋がることによって追憶となって表れるが、その悠久の時間は人の心を歴史の流れのなかに巻き込んでいく。歴史もまたその真の意味においては事実の前後関係などではない。それは私自身のルーツを遡ることであり、海外の知人に電話をかけるときのように、はるかに隔てられた父祖的な人びととその世界を訪問することである。そして父祖の息吹を感じるとき、歴史は真に生きたものとなる。われわれは過去の友人を、尊敬すべき師をもっているか。このことは人生において真に重要な問いである。この点では現代の教育は嘆かわしい状況にある。事実の羅列であるような歴史教育は過去の殺害でしかない。偉大で親しいものを学んではじめて歴史はその本当の姿を表すものであるが、このことが今日ではほとんど忘れられているのだ。それゆえ、われわれは過去とは何かを改めて問わなければならない。そしてそれらが父祖的なもの、恩師的なもの、地霊的なものであり、価値、教え、導きであることを知らなければならない。それらは今日では失われた根であり、捨て去られた故里や祖国のようなものであるかもしれない。人が真に学び、感動することができるものは過去的である。そうでなければいかなる感動といえども心に留められず刹那的なものに畢るであろう。

2　原生時間の行方

大森荘蔵は『時間と自我』(1992、青土社) のなかで、時間を二種類に分けている。一つは普通われわれが「時間」と呼んでいる物理的時間であり、過去から未来へと延びる直線によってイメージされる時間である。彼はこの時間を「線型時間 (リニア時間)」と名づけ、点時刻と連続という物理的操作によって変造された人工的な時間だという。これにたいして、もう一つの時間は現にわれわれが生きている姿にそのまま対応し、間断も尺度もない生きた時間であり、直接的体験的な時間であり、彼はこの時間を「原生時間」と名づける。「われわれの体験の中に生のままに露出している時間性を「原生時間」と呼ぶ。太古から人間の斧鉞《ふえつ》の入らぬ原生林のような原生的体験の中の時間だからである」（一四頁）。彼はこれが真正時間であり、線型時間と対置されるものだという。「原生時間は原生林同様に薄暗い中に巨木が重なるといった状態で見定めがたいところが多い」（一五頁）。体験は途切れることなく続き、その一部が切り出されるということもなく、生の多層的な流れと一体になっている。これが「原生的連続」である。そのために原生時間はかえってとらえられることがなく、意識の背後に隠れてしまうというのである。

このような大森の考え方は概ね支持できよう。われわれもまた測定的な時間ではなく、生きた時間を求めているのである。しかし大森はこれに続けて、現在と過去との関係を知覚と想起の関係に置き換えて論じる。そして知覚が視覚体験的であるのに対して、想起は言語的制作的だという。想起は過去経験の再現または再生をいうのではなく、およそ知覚的なものではないという。知覚とは現在の経験様式であり、想起は過去の経験様式であり、両者は別物だというのである。知覚体験は空間的離隔によって成り立ち、想起体験は時間的離隔によって成り立つ。知覚はより手前、より後ろによって成り立ち、想起はより以前より以後によって成り立つともいう。

> それ〔何らかの出来事〕が過去形の経験になるためには言葉に成ることが必要なのである。そして言葉に成り過去形の経験に成ること、それが想起なのである。逆にいえば、想起される、言語的に想起される、ということによって過去形の経験が成るのであり制作されるのである。

（『時間と自我』、五四頁）

過去の経験が言語的であり、物語として想起されること、したがって過去経験は言語的制作であること、これが大森の過去論の中心的な主張である。彼によれば過去を想起することは動詞の過去形の意味を経験することになる。想起においては知覚の五感に代わって過去形の言語が働いているとされるのである。過去とは過去物語であり、ことばで語られる台本である。「過去を思い出す」とは、過去形の経験を制作すること（物語）であり、ことばによって確認され確定されてゆく過程である（五五頁）。

過去＝言語論の誤り

このような大森の過去論は一見魅力的に聞こえる。しかし過去＝言語という考え方が、彼自身が忌避している線型時間の発想に立っていることに彼自身気がついていない。過去形の物語によって語られた世界が原生的であるはずがない。過去の世界が言語的であるなら、それは開発的であり原生的ではない。過去の世界はなによりも言葉では言い表すことのできない直接的生と感慨の世界なのである。忘れることのできない光景、場面、そして感慨と情感――これらこそが過去の戸口であり、人を過去へと連れ戻す引力である。大森の発想はこの原点にお構いなしである。このことには彼の知覚にたいする考え方が関わっている。彼にとって知覚は視覚的空間的な情報でしかない。ところが人間の現実との出会いはこのような情報によって残るものではなく、内面的な感性の響きがあって保存されるものなのである。現実の経験が知覚であると考えるのは人間の知覚心理学的狭隘化に他ならない。

感慨となった過去は確かに大森がいうように言語化される。しかしその言語に関してもまた彼は取り違えをしている。大森にとって過去とは言語的想起であり、自己物語である。それも抒情詩ではなく散文である。つじつまがあっていればよく、現在と繋がっていればよいという物語である。「過去は知覚されずに想起される。想起は知覚の五感に代わって言語が働く。夢も言語である。夢は夢物語であり、過去は過去物語である」（一〇七頁）。しかし、過去の想起はこのような物語的な記述ではない。「想起は主として言語的であり、それが言語的な過去了解であることは誰でも自分の想起体験を想起してみれば直ちに納得されるだろう」と彼はいう（一〇二頁）。しかし、誰でも振り返ってみれば分かることであるが、想起はむしろ非言語的であり、それどころか反言語的な場合すらある。想起は直観的であり内観的である。想起は内面的精神における過去の現出であるから、むしろ「心霊的」でさえある。そのような想起もたしかに言語となることもあろう。しかしそれは人が想起の想いを言葉で言い表したいという衝動をもつからであって、大森がいうように前後の脈絡をつけるためではない。散文的な言語表現は生起の順序にしたがう。生起の順序を崩せば物語はとりとめもない妄想になってしまうからだ。それゆえ散文の過去は「先月彼と食事をした」とか「あの時の地震は大変だった」という程度の過去経験ででしかない。それに対して想起の言葉は物語的ではなく詩であり、むしろ「和歌」であり「俳句」である。想起とはある決定的な事柄を謳いあげるのであり、説明をするのではない。過去において人は詩人となるのであって、物語作者となるのではない。情景と感慨と情趣とが美観的に言語に結晶するのである。

大森の時間論は今を意識する知的な私という発想から興っている。ここに彼の時間論の主知主義的な偏向の源がある。今との対比で過去をとらえ、今が知覚であるのにたいして、過去に想起を割り当てようとするのは主知主義である。過去を想う主体が今を知覚する知的、自己同一的な「自我」だからである。自我とは今を永遠化する（知性化する）概念作用の塊であり、ここから生きた時間はもともと出てくるはずがないのだ。ここに大森の根本的過誤がある。過去は自我よりも大きい。過去は知性的というよりも情感的な世界である。過去を想う私は主知的ではなく、もっと根源的な生の自覚者なのである。われわれはこのような態度を知性に対して志操力と呼ぼうと思う。

彼は思い出す、想起するということを言語の問題だと勘違いをしている。思い出は散文物語ではない。それでは他人事と変わらない。思い出はむしろ絵画的であり、長大な記述ではなく（これはむしろ想起ではなく記憶労働だ）、短歌のように短く、叙情的であり、心に焼き付けられたワンショットである。過去を描いた物語、小説があるとしよう。言葉で描かれたそのストーリーは過去的であるより、現在再現的であり、あたかもいま目の前で展開されているかのようでなければならない。そうでなければ小説はまったくつまらないものとなろう。それが過去であることを想起させるなら、そのとき人は深い既在感と喪失感、現在との懸隔、すなわち追憶と一体になっているのである。知覚は現在的であるが、散文も現在的なのである。これにたいして過去がよみがえったとき人は現在から離れる。過去は言語以上であり、言語は過去を覆い尽くすことはできない。過去のこの深みを大森は知らない。

3 有時——道元

このような時間論に比べて道元の思想ははるかに深い。彼の考え方においては現在と過去との区別は無用である。時間とは時という「そのもの」であり、その有が本質であって、変化はその影にすぎない。現在も過去も「そのもの」のたんなる相であり、過去のその時が有るなら、過去としてではなく時として有るのである。時とは「有時」である。すなわち、およそ物の存在と時間とは区別されず一体であり、存在は時間においてあり時間は存在としてでなければありえないとされる。

いはゆる有時は、時すでにこれ有なり、有はみなこれ時なり。(時は存在そのものである。存在とは時を生きることである。)

(『正法眼蔵』第二十　岩波文庫第二冊「有時」、四七頁)

「時々の時に尽有尽界あり」。昨日山を登ったなら、それはいまと思って登ったのであり、それは只今山をいまと思って登っているのと何の変わりもない。昨日と只今とはたんなる相の違いであって、ものごとのあり方（道理）としては何ら違いはない、というのである。

いはゆる山を登り河を渡りす時にわれありき、われに時あるべし。われすでにあり、時さるべからず。時もし去来《こらい》の相にあらずは、上山の時は有時の而今《しきん》なり。われに有時の而今ある、これ有時なり。……その昨今《きのふ》の道理、ただこれ山のなかに直入して、千峰万峰をみわたす時節なり、すぎぬるにあらず。（山を登り河を渡っているとき、私は時と一体である。時は過ぎ去るものでないなら、山を登る私は今という時そのものである。……過去のそのときも山々を見渡したのである。私が見渡したそのときそのものであって、それは過ぎ去ったわけではない。）

（『正法眼蔵』第二十、四九頁）

それだけではない。「ねずみも時なり、とらも時なり、生も時なり、仏も時なり。……山も時なり、海も時なり。時にあらざれば山海あるべからず」（五一頁以降）。彼は「尽界にあらゆる尽有は、つらなりながら時々なり（万物万象はすべてが連なってそれぞれが時そのものである）」

と考え、時間には過去も現在も未来も問題となるのではなく、自らが生きているその様を見つめて、自ら時を生きており、時が自己において生きていると考えよ、と説く。時間を過ぎ去るものとし、過去と現在を区分する考え方を、道元は「有時」という論理によって論駁する。すべての有るもの、生きとし生きるもののその有りさま、生きざまがそのまま時間なのであって、それがいつであったかということなどどうでもよいことなのである。時の流れや前後などは見かけの虚構であり、時の真の姿は生きているその時々そのものであり、生そのものであるから、過去は現在であり現在は過去である。このような考え方には道理がある。過去というものがあるわけでなく、未来もまた然りである。有るという意味では時があるのはその時のみであろう。このような思想をわれわれは無差別時間の思想と理解しよう。

それでは道元のこのような思想にしたがえば、追憶の問題はどうなるのだろうか。発生しないのである。禅の教えにおいて追憶が介在する余地はない。追憶は悟道にとっては障りでしかない。彼が一切の放下を説くとき、私には彼がことさら追憶の心を放擲せよと訴えているように思える。禅宗は現今の生にたいする没頭的態度なのである。われわれが、今現在過去のことを考えていると思っているが、考えている今は現在ではない、「このとき」である。考えられている過去は過去ではない、このときの相なのである。このように、禅の時間はその時々のその時という有り方をするのみである。

4　推移――アウグスティヌスとフッサール

このような無差別（有時的）時間論にたいして、流れとしての時間に正面から取り組んだのが、アウグスティヌスである。彼は時間とは推移であるという前提から問題に入る。時間の特質は何よりもその推移性にあると考えるのである。そしてその推移にしたがって時間の位相が区分される――すなわち過去、現在、未来。このような推移的時間の考え方の背後には合理的な秩序を重視する思想がある。しかし彼の問題提起はその先にある。その時間区分も一歩突っこめば様相を一変させることをアウグスティヌスは発見したのである。これらの時間の相は一体何を意味するのか。過去や未来は本当にあるのか。現在はどのようにして確定されるのか。これらの問いがアウグスティヌスを悩ませた問いである。その場合、時間が客観的なものであれば、過去も未来も存在するとはいえず、すべては現在のみであることを認めなければならない。彼は問う。

もし未来と過去とがあるとするならば、私は知りたい。いったいどこにあるのかを。それを知ることが、まだ私には不可能であるにしても、すくなくとも次のことを知っています。どこにあるにせよ、そこにおいてそれは未来でも過去でもなく、現在であるということを。じっさい、もしそこにおいても未来であるとすれば、それはそこにまだないし、もしそこにおいても過去であるとすれば、それはそこにもうないはずですから。……たとえば私の少年時代は、もうないものであって、もうない過去の時の内にありますが、しかも私はその心象を現在の時においてながめています。それは私の記憶の内にまだあるからです。

（『告白』第11巻第18章、四一九頁）

精神の延長としての時間

客観的には未来もなく過去もないのである。それゆえ、厳密な意味では過去、現在、未来という三つの時があるともいえない。彼は正しくは次のようにいうべきだという。「三つの時があるのである。過去についての現在、現在についての現在、未来についての現在」。すべての時間は現在なのである。しかしこのことは客観的には成り立たない。時間そのものが精神のうちになければ成り立たないからである。有るという意味においてはすべての時間が現在であること、そしてそれは精神のうちにおいてあること、これが彼の主張である。精神の内部において時間は現在を基点としながら拡がりを持ち、その拡がりが精神に拡がりを与える。時間とは精神をたんなる現在から、過去という現在へあるいは未来という現在へ押し広げる働きをするものなのである。それゆえ、「時間とは精神そのものの延長である」(11-26)。このような彼の発想に、時間が内在的時間として、精神的時間として理解される端緒を認めることができる。時間を客観主義的にとらえるかぎり、過去と未来の問題は明らかにならない。時間を精神的性格のものと理解し、過去と未来を精神作用からとらえることによってそれらの真の性格を見出すことができると捉えたことは、彼の最大の思想的貢献の一つである。

彼は時間に三つの相があるのは、精神のうちに三つの働きがあるからに他ならないからだという。すなわち精神には、期待し、直視し、記憶するという働きがあり、これらの働きに対応して未来、現在、過去という三つの時制が生まれるのだという。すなわち、時間は精神内在的なものであり、しかも期待と直視と記憶という精神の働きによって生まれるものだというわけである。それゆえ、期待と直視と記憶は精神のある種の働きではなく、時間を成り立たせる根本的内実であることをも、彼は主張しているのである。

精神は、期待し、直視し、記憶します。そして精神が期待するものは、直視するものをとおして記憶するものへと移ってゆきます。

（『告白』第11巻第28章、四三三頁）

過去を記憶としてとらえようとすることは彼の思想においてもっとも顕著な一特徴である。その場合、記憶されるものは心象とか印象と名づけられるものであり、大森のいうような知的言語的なものに限らない。現在の体験はたちまちに過ぎ去るが、その方向に持続し保存されたものが記憶とみなされるのである。それゆえ、アウグスティヌスにおける記憶の概念は、精神の体験のあらゆるもの、すなわち知情意の全体を包括するものだといえるだろう。彼は時間の推移を、「歌の譬え」を引いて考えている。

私は自分の知っている歌をうたおうとしています。うたいはじめる前には、私の期待はその歌の全体にむかっています。ところがうたいはじめると、期待からもぎとって過去にひき渡した部分には、記憶がむかいます。そこで私の精神活動の生きた力は、二つの方向に分散します。一つは記憶の方向であり、それはすでにうたい終えた部分のためです。一つは期待の方向であり、それはこれからうたおうとする部分のためです。しかも私の直視はいまここに現在あり、それをとおって、未来であったものは移されて過去となってゆくのです。

（第11巻第28章、四三三頁）

この考察は時間における精神のダイナミズムを表したものとして見事だといえる。しかし追憶の観点からは問題が残るのである。歌い終えた部分としての過去は歌の進行とともに次第に深部に沈んでゆくであろう。一般に過去は次第に深部に沈みゆき、その上に新たな過去が積み重ねられていくということになろう。このことは自然的な流れであり理解するに容易いことである。しかしここからは、なぜある種の記憶がより強い追憶となって、現在からのその離隔にもかかわらずありありとした表出力をもつのかという問題が解けないであろう。また、歌い始めて途中まで進んでいる場合、始まりの記憶は途中の記憶より「遠い」ものだろうか、記憶における質の問題はいかに考えればよいのか。これらの問題が答えられていない。それゆえ、アウグスティヌスのこの時間への思索はその質への思索へとさらに進められなければならない。

時間意識論の過誤

アウグスティヌスのこのような精神の流れとしての時間の思想は現代の現象学および生の哲学における時間のとらえ方に引き継がれている。たとえばフッサールは、時間を「時間直観」として理解し、意識の根源的連合（表象が記憶となり総合されるという意識プロセス）としてとらえた。例えば音そのもの（時間客観）は意識の「統一的統握作用（総括作用）」によってとらえられるという。音を捉えるのは耳ではなく、意識の聴覚的な統握作用だというのである。この捉えのプロセスが持続とよばれる。たとえばメロディは統握的な作用連続体であるが、その一部が記憶であり、現在の点が知覚であり、残りが予期である。そして記憶が遠い過去への後退にあってなお把持されていれば、それが過去把持である。

過去についてフッサールは一つの「時間図表」なるものを作成している。次々に新しい今が現れるにつれて、先の今は過去という下方の座標点へ変移し、それに伴って先行の経験全体が座標軸を下降し、過去の深遠に後退するという。過去の持続とはこの後退の過程であり、それは次第に深く沈みゆく持続であるという。たとえば、いまの音は次第に音の既在へ変移し、印象的意識はたえまなく流れつつ次々に新しい過去把持的意識へ移行するというわけである（『内的時間意識の現象学』、立松弘孝訳、みすず書房、三八頁以降）。この過去把持的意識とはいわば過去になったばかりの意識であり、まだ本来の記憶以前の印象的意識の継承の最中にあるもの（第一次的記憶）をいう。これが次第に知覚と結びつかない（沈退する）第二次記憶となっていくのである。

それではフッサールにおいて記憶にとどめられたものはどのようにして追憶されるのであろうか。彼は追憶を記憶の取りだしととらえ、それを再生あるいは現前化と名づけた。彼は現前化の作用は自由な働きであり、「自由な回想」であるという（六四頁）。人は回想の過程を緩急自在に、しかも分節自由に行うことができるという。思い出し方は本人の自由というわけだ。しかしその場合でも、回想は経過の同じ連続性をつねにありのままに現前化するのだという。これを彼は現前化の体験流における内在的客観の構成と呼んでいる。そしてこのことによって時間意識の明証性が保たれるのだという。再生は任意であり、その編集やリピートやスピードも自由であるが、一続きの流れの内部順序を動かすことはできないからである。もっともさすがに彼も回想における再生的変容を認めてはいる。しかし彼の厳格主義的発想は、たんなる想像と想起とを区別し、想起こそ正統な過去再生だと考えることによって、過去をやはり散文的世界へと追いやっている。

アウグスティヌスとフッサールの過去理解は西洋思想における典型的な時間の捉えかたを代表している。時間を精神に内在する働き、意識の流れにおいて理解する立場は、アウグスティヌスによって興り、一般に流布する客観的、測定的な物理時間との対立において人間的精神の根源性を主張する立場の共通の砦となった。われわれもまた過去は精神の深部にある保存作用であることを認める。しかし彼らにおいて過去は整然とした地層のように積み重ねられていく継続的秩序であった。そして想起はこの順序にしたがって現在の生活場面に再生されることであった。しかしわれわれが見つめようとしている追憶はこのような記憶の再生ではない。再生としての過去はいわば法廷証言で述べられるような再現的過去であろう。真の過去は違うのである。それは想起、追憶を順序だてたりはしない。それは主観の内部にありながら主観を超越しており、運命的な働きとなって主観を誘導し翻弄する。追憶は、過去の雄大な天空を飛翔し、止むに止まれぬ衝動に駆られて現在に飛び込む。それは過去の順序にも流れの一貫性にもとらわれず、実際にあったかそれともたんに心に想われただけかという差にもとらわれない。それは心のもっとも内面的な私秘的な働きであるから、継起的でも記録的でもなく、瞬時的であり運命的なのである。

5　郷愁——ジャンケレヴィッチ

追憶の問題は、記憶の再生（回想）のそれとは区別される。記憶の再生が保存資料の調査になぞらえられるとすれば、追憶は失われた時を求める魂の彷徨に値するほどに差がある。われわれはこのような追憶への思惟投入を試みた稀有の一例としてV・ジャンケレヴィッチの『還らぬ時と郷愁』（一九七四年、仲澤紀雄訳、国文社）の議論に立ち寄ってみよう。

彼の過去に対する考え方の基本をなすのは、「逆行不可能」ということである。「逆行不可能でない時はなく、時のほかに純粋な不可逆性はない。時は、人が自由なのと同じように、逆行不可能なものだ。その本質から。そしてまるごと」（一一頁）。それゆえ、過去はどうにもできないもの、人間の力の及ばないもの、人間が無力無為のまま判決を受けるものだという。ここに哀惜の感情が生まれる。哀惜とは「感じながらできない」という感情であり、そこには反対感情両立という快い矛盾の甘酸っぱい味わいがあるという。もともと情緒的な感情は、行動のしくじりから来るものであり、しかも逆転することができないという不幸な意識の産物だともいう（一九八頁）。

人は逆行できず取り消すこともできないものを抱えるという板挟みにあって、二重の感情を同時にもつ。一方は、憂愁、郷愁、哀惜であり、不透明で重く、しかも滑りやすい感情である。意識は自らの後ろに刻まれる空虚に苦しみ、霧に包まれた過去に再び実体としての手応えを求めようとする。そこには道徳的苦痛あるいは悔恨というものがあり、過去を永遠に地下に埋め、墓石で封じたいと思いつつ、他方でその不可思議な温もりに寄り添わないではいられず、ある種の恋慕に似た想いを振り切ることができない。過去は実質がないだけに惹きつける力が強いのである（二八八頁以降）。他方で過去は、生成の方向と全般的志向を規定するという。したという事実、なされたその結果は取り返すことができない。なされたことはなされた、もはや赦されず取り消されることもできないという絶対的形而上的確実さがそこにはある。そして取り消せないものにはいかなるためらいも情緒もありえない、それはまったく論述することができず、操作を及ぼすこともできない。そのことが意志にたいして落ち着きを許さず、振り返りながらも前進することを強要するのだ。ともかくも人は生成へと向かう、過去を封印して。

彼の郷愁の着想に引かれて過去を遡ってみよう。流動的であった出来事もいつしか沈澱し、固形化し、不動のものとなってゆく。老人にとっての過去とはそのような緩慢な沈澱物なのかもしれない。人生の夕べに、老いてゆく人間は昔のこと、自分の幼年時代の年月について瞑想するようになる。そして瞑想は〝ああ！〟というため息に終る。しかし、ソファに身を沈ませて昔の世界に心を奪われている老人は誰もそのなかに入ることの許されない至福の今を経験しているかもしれないのだ。彼にとって過去は次第に聖なるものになり、ついにそれは信仰の対象となるのだ。彼にとって過去とはもはや再生できないものではなく、掘り起こしてはならないものなのだ（二二六頁以降）。

しかし若者の過去は異なる。そこには地殻の変動につれて活断層にエネルギーが蓄積されいつか大きな地震を惹き起こすように、過去にも活断層があり、いつかは大きな地殻変動を惹き起こすものである。過去は一旦身を引いた猛獣のようなものであり、虎視眈々と飛び掛るチャンスを狙っているのだ。過去こそが現在の原因であり、現在にその意味を与えるものである。そのような過去は体験であるというよりも、もっと根深いものである。過去は過ぎ去ったものではなく、種子であり火種である。種は時と水が与えられれば発芽するが、そのように過去も今は眠っているが発芽力をもっている。

帰還への旅

人には出自と原風景というものがある。これが人それぞれのゼロポイント（原点）を定めるのだ。しかしこの原点とは何を意味するのであろうか。原点とは追憶がそこから始まるその湧水池なのだ。精神の原点とはその誕生のときである。そしてその誕生とは、人の生まれ変わりの瞬間、それ以前のおのれがまだ無垢であったと思える瞬間である。そのとき彼は「新しい人」になる。人はそのようなゼロポイントを求めて遡行するがよい。いかに時の流れがそこから湧き起こっていたかを思い知らされるであろう。人生の折々に受けた感銘は彼の追憶にとっての駅々となるであろう。このような駅を多くもつ人は心が豊かなのだ。人は現実の行為によって心が癒されるかと思って行動にとりかかる。しかし現実の行動が心の飢えを癒すことはめったにないのだ。これにたいして追憶は新たな栄養素を注ぎ込むことなしに心に充足を与える。追憶によって新たなものは生まれないが、そこには成就があり、深い安堵がある。山に登る人は山頂に達する喜びが苦労の甲斐と思いたがるものだが、真の歓びは山を降り、いま踏んできた山頂を振りかえるときに訪れるものなのだ。

「する」は自由だが、まだ半・自由である。元に戻るという行為があってはじめて十分な自由、双方向の自由が得られる。山に登れば降りなければならない。人の行為は循環でなければならない。するだけをしか見ない行為は、欲望的行為であり、獲得と所有のみに心が奪われ、自分が何を残してきたかを振り返って確かめることを知らない。すれば戻さなければならないのだ。過去の存在意味の中心はこの点にあったのである。元に戻すことへの旅立ちは帰還の道である。往く道は行動においては充実しているが、精神の篭にはまだ充たされるべき収穫物はなく、空である。帰路にはその篭には大いなる収穫物によって充たされていることであろう。近代の膨張主義はこのことを忘れて久しいが、われわれは帰還を知らぬ旅の危険をすでに知っている。それがどこに行き着くか（むしろどこにも行き着かないだろう）についてもわかっているのだ。

起こるべきではなかった

追憶は再生である。そこには苦しいことが多く含まれており、それどころか苦しいことばかりであるかもしれないが、それでも追憶されるのはそれがよきものだからである。追憶されたその思いはそのまま放置されるのではない。必ず元に戻されるのだ。夏の衣は収納され、次の夏にはまた取り出される。元に戻すことが本当の、本来の自由であることを知るものは、欲望の限界をも知っている。未来の獲得に向かってがむしゃらに進もうとする者は本当の自由を体験していない。それは衝動と取り違えられた自由にすぎない。元に戻す者はまた、「やり直し」が「始めて」よりもよりすすんだ生成であることを知っている。戻ることが生成であり、帰還は往還よりも心に感慨を与えることを知っている。

ジャンケレヴィッチは追憶による過去の否定にまで思索を進めている。罪責の追憶において人は起こったことを起こらなかったとすることができるであろうか。現実には起こったことは起こったのであり、起こらなかったとすることはありえない。しかしそのことは起こるべきでなかったゆえに、起こってはならなかったのだ。起こったことを金輪際起こらなかったとすること、ここには精神の強い自己否定と逆説とがある。「したという事実そのものを元に戻す力、その事実を『しなかった』とする力」（二五四頁）。この力は消極的なものではなく、生の選りすぐりの力なのである。

たんに以前の状態を回復し、事物を元の状態に戻し、過去の痕跡をすべて消す力ではなく、なされたことがかつてなされなかったとする力だ。ただたんに過ちの結果を償う力ではなく、欲したという事実そのものを欲しなかったとする力だ。……あたかも出来事が起こらなかったかのようにするのでは十分ではない。その出来事が決して起こらなかったとしなければならない。

（『還らぬ時と郷愁』、二五五頁）

過去の償いとはその過去に負のレッテルを貼り、記録簿にとどめることではない。その出来事が「決して起こらなかった」とすることによって、未来に向かった自己に絶対的拘束を課すことでなければならないのである。

6 志操

追憶がたんなる再現ではないのはそれが志操の問題と一体だからである。過去はたんなる彼方ではない。すでにあるという仕方で現在に繋がっているのである。無論、過去は現在ではない。そうではなく、現在への重力であり、現在に力があるとすればその力の源である。この意味では過去は未来よりもなお将来開拓的である。過去は未来を現在へと引き寄せるのだ。過去には当人の自覚を超えた力が宿っている。過去とはある種の根源的な保存力、生の自己保存の力(conatus)そのものである。人はその生の発端から現在にいたるまでの過去を引きずって生きている。否、過去が彼をつかんで離さないのだ。人とは彼の生い立ちそのものなのだ。自己と一体のものとしてある過去は一瞬たりとも現在の原因であり続けることをやめない。

ベンヤミンは『ベルリンの幼年時代』(小寺昭次郎編訳、晶文社)を追憶しているが、それはたんなる振り返りではない。いまの自分の内面を注視しているのである。幼年時代には形にまでなることのない、粘液性の自己の原形質があるのだ。追憶の対象は故郷の山河だけではない。古都や遺跡、古民家、あるいは伝統文化が心に落ち着きと安らぎを与えるのはなぜか。現在のおのれの美の根拠がそこにあるからだ。過去には魔法がかけられている。故郷リューベックの街には魔法がかけられているといったのはトーマス・マンであった。この魔法とは人の出自の運命的拘束という魔法である。この魔法のおかげでわれわれの古里や幼年時代は不可侵の聖域となる。私の過去はまさしく私にとっての聖域であり続ける。

過去と未来の懸橋

人には手放してはならず、運命的に結びつけられなければならない過去がある。そのような過去をつねに把持すること、おのれの過去をおのれの存在理由とすること、それが志操である。志操とはおのれの過去と未来とのあいだに懸けられた橋である。人は志操をもつことによって、時間に内容と奥行きを与えることができる。現在はたえず過ぎ行くばかりであり何ものをもとどめないから、確かに存在するとしてもそこに内容を求めることはできない。未来はまだ到来していないからこれにも内容を求めることができない。過去はそのものが内実であり、時間の実質的な内容を担っている。しかしこのことは過去の脈絡を分断することなく心に把持することによってはじめて可能である。そのように自己の系統譜を保持し抱き続けること、これが志操である。

ベルクソンは持続としての時間の意味を思索したが、その議論はそのまま志操の問題に移しかえることができる。彼は「純粋記憶」について語っている(『物質と記憶』、一八九六年、田島節夫訳、ベルクソン全集第2巻、一五〇頁以降)。それはわれわれの「歴史の一時期」を形成し、心の底に沈み込み、潜在的となり、「無力」で「無意識的」であり、闇間に隠れるものである。しかしこの純粋記憶のなかから、われわれは現在の生に向かうための「イマージュ」を汲み取るのである。

人はこの純粋記憶を呼び起こすには現在の知覚的世界から脱出しなければならない。「われわれは、現在から離脱することによってまず過去一般のうちに、ついで過去の或る一領野にわれわれ自身を置きなおす独特な働きを意識」しなければならない（一五一頁）。われわれは過去のその時のその場に身を置かなければならない。過去のその世界はいつでも活用可能なように現在の傍らに準備されているわけではないのだ。そのためには或る特別の努力が必要であろう。過去へとまっすぐに続く橋を渡ること、これが志操を抱くものの歩みかたなのだ。

志操者にとってなぜこのような過去が必要なのか。それは純粋過去の世界が「先立つわれわれの精神生活の世界」であり、「生きられる経験の全体」、すなわち過去のわれわれの全状態の総合を表すからである（一六五頁）。志操とはこの基盤を何よりも重視し、そこにおのれの拠り所を求めようとすることである。現在はそれが現実への対応であるがゆえに、おのれの全体と意味とを示すことができない。それどころか、現在だけではわれわれはまだ存在ともいえず、「機構の総体」でしかない。過去はそのようなわれわれに存在の重力を与えてくれるものなのである。このことに関してベルクソンは一つのよく知られた模式図を作成している。この図において過去は下方を穿つ一つの円錐としてイメージされている。時間は上から下に流れている。この図において過去は円錐によって突き破られつつある平面であり、純粋過去は円錐の底面（上底）である。円錐の先端は過去の重力を担った精神活動がまさに現在平面を穿とうとするその瞬間を表している。精神は自己の経験の総体である円錐の全重量を担いつつ、現在平面を突き抜けようとするものなのだ。

ベルクソンはこのような働きを持続と名づけたが、われわれはむしろ志操と呼ぼう。志操とは過去自己である。志操は精神が現在に翻弄されず、過去と繋がっているという自負である。志操は現実を突き破る重力であり、その作用力としての意志を産み出す。意志は未来に向かうが、このことは志操がこの意志を過去の闇間から突き動かすことによって可能となるのである。この意味では志操は未来的でもある。未来を将来させるものは志操だといっても過言ではない。そもそも過去と繋がらないでどうして未来が意味を持つことができようか。現代人は現在への態度が自己のすべてだと思いがちである。しかしここからは未来への真の態度は出てこない。むしろ現在を相対化し、現在に嘔吐を感じること、これは決して消極的態度ではなく、未来にたいする真摯な態度である。ここに志操の積極的な意味がある。

志操にともなう心の負荷

志操はさまざまな心の負荷を伴っている。呵責とは咎めの声とともに過去が蘇ることであろう。それは、過去が心に苦悩を刻み込んだ証であり、自己が許されぬものに思えることである。呵責は現在の自己にたいする過去の審判である。呵責のなかでは、他でもありえたという思いとそれしかなかったという思いとが拮抗しあう。決着したはずの事態が未決着だと反抗して現在の私に噛みつく。呵責を負う人はその傷の痛みに耐えつつ、その行為は自己の脈絡のなかにあってはならなかったことだと責めたてられる。呵責は自己の自己への闘いであり、現在にたいする過去の挑戦である。人はこの勝ち目のない闘いをどこまでも続けなければならない。それは解除されることのない人生の負荷である。

哀惜もまた志操の友人である。別離者や故人が過去の帳の向こうに去りながら、現在に寄り添うのである。故人とは、私の心中にある過去の殿堂の居住者となった人たちである。その故人がいま私の傍らにいるのである。傍らから立ち去れば故人は故人ですらなくなる。哀惜とはそのように失われた大切なものが私のなかに住まっているという痛みと喜びとが一つの脈動として持続することである。哀惜は過去が残していった痛覚である。忘れられない哀惜は悲しみの衣を纏っているが、それは私に芯の強さを教えてくれる暮色の冷気であり、深海の水流なのだ。哀惜がじつは本当の思い出なのである。思い出が大切なのはそれが喜びをもたらすからである。哀惜のなかには秘められた喜びがある。哀惜の喜びこそがより深い喜びであり、私のなかの至宝である。それは私のなかでいつしか善にまで変容した過去でさえあろう。

こだわりや執心ということがある。それらは心の一角に強固な砦を築き上げる。しかし両者のあいだには深い落差がある。こだわりは過去に固執しようとする一般的動向であるが、執心あるいは妄執はそのようなレベルをはるかに超える。冥土に去ったはずの霊魂が化けてでるのも執心のゆえだ。執心は拒絶された過去が拒絶されるはずではなかったと逆襲することであり、過去にたいする全面的な抗議であり告訴である。愛の不達成は容易に執心に転じる。想いが現実を越えてしまうのだ。超絶した想いは心の殻の内部にあって内燃機関のように自立的な回転を続ける。これにたいして怨恨の執心は人の心を鬼にする。いっさいの妥協を許さず、責め続けることがこの執心の本務だ。怨恨は心の内に妖艶の黒花を咲かせる。そしてこの花の臭気は心のあらゆる善性を腐食させ、心の内壁を暗黒に塗り替える。それどころかそれは復讐心という魔薬の坩堝を煮えたぎらせることさえあるのだ。

他方で、穏やかに持続する、自己を整えようとする志操は春の大地にゆっくりと伸びてゆく草花の根である。そのような志操をもつ人は、冬のあいだは固い殻で身を守るが、春の訪れとともに陽光を浴びて再生し、雨露に育まれて身を起こす。志操は過去の心魂が現在に生きていることの証であり、それどころかはるかな父祖の時代から連綿として受け継がれた大地を受け継ごうとする営みである。志操は現在を突き抜けようとすることによって、決心を呼びおこし、決心はそのまま意志となり未来の希望へとつるをのばしてゆく。そのような志操は人間の真の救済力なのである。思想を心に抱くことは人生にあって望ましいどころではない。志操を持たなければ、精神はその導管を断ち切られ、もはや水と養分を供給できない樹木にも似て、歩みの途上にあって立ち枯れさせられる宿命から免れないであろう。

人生の遡上

志操は過去が現在よりも固く自己と一体であり、過去の規定力が現在のそれを上回っていることの心意的な表れである。志操を抱く人は揺るがない。志操は現在を相対化するのだ。過去を忘却した人は、現在がすべてであり揺るがしがたいものだとものだと錯誤するが、志操をもつ人は、現在が一つの必然的な結果であり、それゆえ固有の存在理由をもたず、宿命的なものであることを知り、世界と自己とがこのようになってしまったことを後悔せず、静かに受けとめるであろう。過去は客観的にはたんに過ぎ去ったものであり、そのかぎりでは無化であるが、人の精神のなかには生きつづけ現在に寄り添っているものだ。それは追憶と志操という形で心に残るかぎり確かに現前しており、確固たる存在者となっている。それは思い出され、思われることによって、心のなかに生きており、したがって精神の脈動として存在しているのだ。

それゆえ、人は自分の生涯日記を綴るがよい。自らの過去の苦悶と至福の世界に思いを馳せ、その庭園を散策するがよい。この散策はまた自己の再創造となり再発見となる。否、じつは人は心のなかでいつも自らの生涯日記を綴っているのである。人生の歩みは川の流れであり、幼少年期は渓流のせせらぎであり、青年期の急流と早瀬が次第に大きな流れとなり渓谷を穿つ。しかしその流れは瀬と淵を作りながらゆったりと安定した平野の流れとなり、大洋に注ぎ込むであろう。しかし追憶の川はこれとは様相を異にする。幼い頃の流れは追憶のはるか後方で緩慢な安定した湖水の姿で動かない。始まったばかりの過去は悔恨と焦燥の急流である。人はいつも現在を急流と思いたがるものであるが、この急流は必ず一時的なものである。過去を重力とし、わが歴史を走りなおすこと、このことが現在の躓きの石をとりのぞく人間の叡知なのである。

V

苦悩と憧憬——時代を考える

1　時代へのまなざし

時代を考えることは時間における転変の問題を考えることである。時代とは時間の一定の持続幅を人間の歴史性の観点から切り取ったカテゴリーである。それぞれの時代には質があり、そのなかを生きた人間たちの生き様が凝縮されている。しかし諸時代はすでに過去のなかに沈み込んでおり、現代のわれわれにとってはすでに存在しない世界と映る。若干の記録と資料のみが、かつてその時代があったことを伝えているにすぎないからである。時代は多くの現代人にとって、興味や関心の対象であっても、今ここに生きているわれわれ自身と直結した問題として受けとめられることは稀である。われわれ自身の心性が過去の諸時代の蓄積のうえに成り立っているにもかかわらず。

なぜ人は過去の諸時代を振り返らないのか。過去を無縁だと考えるからである。われわれの現代はいわば時代のもつ意味を忘れた時代である。現代を「連綿」とした時代のつながりの尖端にある時代だという発想が途絶えているからである。過去とは比べものにならず、未曾有の複雑さとスケールをもつ諸問題を満載した大した時代が現代だというわけである。それゆえ人々は、過去の時代は現代の諸問題に取り組むうえで役に立たないと考える。過去は時代遅れというわけである。

しかし現代は決してそれほど過去から進化した時代でも特別な時代でもない。現代はその余りの無定見と昂ぶりによって過去から切り離されてしまっただけである。現代の最新のものに目が奪われ、それが過去の蓄積のうえに成り立っていることを顧みようとしないのである。われわれは三〇年も経てばすっかり昔のことだという。たしかにそこに住む人びとも街並みも大いに変わっていることだろう。一九八〇年代は若い人たちにとってはすでに見知らぬ時代である。五〇代の人なら、それはもう昔のことだと言い出すかもしれない。しかし三〇年は一刹那の時間差にすぎない。現代人は時間を使い捨てのように考えている。余りにすばやい時の転変に慣れてしまい、時間に対してせっかちとなり、忘恩的になっているのだ。現代人は、現在こそが瞬時に過去に追いやられるにもかかわらず、現在に心を奪われ、現在をすべてだと思い込む。

時代へ!

現代人の道徳は人と人との横のつながりを説く道徳である。多くの人は、道徳の真の規準は時間であり、自己の内部における、そして人間の「内部」における首尾一貫したつながりであるとは考えない。現在と過去とが一体のものであることを考えないのである。まさに現代人の根本的欠陥は時間の道徳を忘れていることではないか。

今日持続可能性 sustainability の概念が注目されている。この概念は無論時間概念に属し、しかも未来世代に対する責任性を内包する概念であるから、道徳性を有している。持続可能性がことさら主張されるのは、この社会がすでに滅亡可能性を孕んでいることの傍証であるが、ともかくも現代人は未来世代にたいしてこの世界をバトンタッチできるようにしなければならないというメッセージの必要性に気がついたのである。しかし持続可能性には隠された虚構性がある。というのは、持続される元の原点が現在だからである。現在自体が大いなる問題を抱えているとき、その現在が持続された未来は一向に改善されない問題と矛盾を抱えた時代とならざるをえないであろう。これ以上悪くするなという考え方の裏には、現在は許容範囲だという思い上がった考えが付着しているのである。それゆえ、われわれは時代の本来のあり方を考えるべきである。絶対的な現在肯定主義は現代の諸悪に覆いをかぶせるという意味で反道徳的である。

現代は苦悩の時代である。いわば精神が酸欠状態に陥っており、毎瞬間が息苦しいのである。われわれは愚かな権力の大波を被って激しい政治苦に陥り、消費生活にがんじがらめにされて経済苦に陥り、学問と文化の大義を忘れて文化苦に陥っている。為政者と安住者に災いあれ。彼らは大罪を犯している。しかし、もとはといえばわれわれ自身がいわば時間の絆を束縛の鎖と取り違え、過去を断ち切り、時間の回転軸から飛び出し、みずから虚空に遊離化してしまったことに根本的な理由がある。

それゆえ、われわれは現代を時代の流れにおいて捉えなおすべきである。過去は非有ではなく、非有の有である。すなわち、客観的にはすでに過ぎ去ったものであるが、あるべきところにはしっかりと存在するものである。それではどこに存在するか。無論、人の心の内にである。過去は心の内以外のどこにも存在しない。過去は記憶の内に姿を沈めているが、この沈潜した記憶こそ時代としての過去である。というのは、記憶はそれぞれに固有の内容を持ち、その記憶された固有過去こそ時代なのだから。過去は時代であることによってそれぞれの重力をもつのだ。そして、過去の全体は純粋重力となって人間精神（全体記憶）に大きな圧力をかけている。過去は心の内にしかなく、心とは過去なのである。人間の心はその本質が過去であるゆえ、過去とつながっており、過去と一体である。

心から過去をとりのぞいてみよう。そこに残るのは現在のがらくたばかりであろう。実はこのがらくたも未整理の過去に他ならないのだが。われわれは心を現在としてばかりに考えようとする。われわれはいつも自己のアイデンティティーについて語りたがる。もともと自己は流れなのであって静止的なアイデンティティーなどではないのだが。そしてアイデンティティーを他者との関係のなかでとらえようとする。しかしそこで語られるアイデンティティーとは対抗と追随と軋轢でしかないことは、自分の胸の内を問うてみれば一番よく分かる。そして本来の、われわれが忘れているアイデンティティーとは、空間的並列関係ではなく、時間変転のなかでの自己一致と連続性、いわば流れに引かれていく一本の赤い糸なのである。人はおのれの現在の背後にこの糸を曳きながら歩んでいる。この意味で人間とは時間的――通時的存在者である。

過去への冒瀆

われわれは歴史的過去とつながっている。このことはおのれの意識を超えた人間の存立条件であり、自己の存在理由 reason d'être でさえある。われわれは心の底で過去とつながっており、過去によって繋縛されている。歴史的過去には自己が直接に体験した過去と、間接的に何らかの媒体によって知られる過去とがある。前者を体験過去、後者を記録過去と呼ぼう。体験過去は圧倒的にリアルであり、他の誰とも共有することのできない絶対的内容をもつ。これに対して記録過去は共通の媒体を介して知られる過去であり、各人に固有のものではない。しかし、この記録過去もまたある特別の個別性を持っている。というのは、過去の資料は年表のような形式的で共通的なものから文献、伝承、美術、博物、埋蔵文化、自然の痕跡などまで無尽蔵の拡がりをもつ豊かな世界であり、各人はその一部に触れることができるにすぎないからである。われわれは過去をもつが、それは小さな過去、選択された過去であり、未知の過去（したがって埋蔵された過去）がその周りに無限に広がっているのである。それゆえ、どのような、どれだけの資料を知るか、それらをどこまで自己のなかに深く刻みつけるかによって、各人に固有の過去が形成され、独自の精神が形成される。

過去の問題は民族の帰趨を分ける決定的な問題でもある。この点では、現代の日本は過去忘却の時代である。過去が軽視され、無視され、陵辱される。

罪の有無、老幼いずれを問わず、われわれ全員が過去を引き受けねばなりません。全員が過去からの帰結に関わり合っており、過去に対する責任を負わされているのであります。心に刻みつづけることがなぜかくも重要であるかを理解するため、老幼たがいに助け合わねばなりません。また助け合えるのであります。

（ヴァイツゼッカー『荒野の四十年』）

ドイツの大統領であったヴァイツゼッカーは、ナチスのジェノサイドを清算しないままに放置してきた四〇年間を「荒野の時代」と呼んだ。このような時代のなかでは、国民は後ろめたさと罪責感から免れることができない。ドイツの過去への反省を促す彼のこの歴史的な演説は、戦後のドイツと日本の歩みの違いを象徴することばとなった。ドイツにおいてもそれまでは過去に背を向け、自らの歴史を覆い隠そうとする空気がないでもなかった。しかし、過去の真実を裏切る行為は、人間の尊厳に反するという主張が戦後のドイツにおいて同時に粘り強くなされてきたのであった。日本では残念ながら過去が歪められたままであり、無反省にもおのれの暗黒部を葬り去ろうという態度がまかり通ってきた。日本の為政者が繰り返してきたこのような態度は、人間の品格は過去に対する態度によって計られるという基準を忘れた、愚かで罪深い態度であり、過去に対する、したがって時間に対する冒瀆である。彼らの期待に反し過去は、それが未決着なままに放置されれば、その未決のものを病巣として現在を侵食し、不治の病に陥らせるであろう。

誤った過去は忘れ去られることがない。いずれそのうちなかったことになるだろうというわけにはゆかないのである。この問題は道義の根本に関わるゆえに、「枕を高くして寝ることのできない」問題なのである。

歴史的過去は記憶と記録のなかにある世界である。それは精神的世界であり、記号世界である。過去はもはや触れることのできないものであり、記号としてのみ存続する世界である。ここでいう記号とは、その本体に代わって保存され、しかも意味伝達可能な媒体のことである。人間の歴史にあっては、記号は主に記録（有史）として書き留められる。記録は人類の共通記憶である。記録されない過去は消失していく。それゆえ、人間には時代記録の責任がある。何をどのように記録するかという問題は現在を未来へと譲り渡すための不可欠問題である。記憶され記録されないものは無の世界に沈み落ち、――絶滅種のように永遠に存在世界から去っていく。現在から過去への移行とは、現存在から記録存在への移行である。

過去の聖板

過去の問題は死の問題でもある。過去と死とが直結していることに多くの人は気がついていない。現代科学は夢想を許さないから、人間は死とともにそのすべてが霧消すると考える。しかし、死は無化であるという考え方は一面しか見ていない。長い歴史と通じて、人は死後の世界のことを語り、あの世や冥界や西方浄土などを夢みてきた。人間は死ねばどこに行くのかという問題は人類の悠久の問いであった。それでは死後の世界とは何か。人間は死後、過去の世界に行き、過去の世界の住人になるのである。ハデスは地下の冥界ではなく、過去の国である。逆にいえば、過去とは記憶されるべき無数の死者が集う世界である。かつて生命をえて活躍していたものが聖板に刻まれ記される。過去の世界は静寂の世界であり、不動であるが、そこには生者であった者たちの姿が刻まれており、それを読むことによって現在のわれわれは彼らと心を一つにするのである。

過去は長大なつながりの世界であるが、それぞれの場にそれぞれの人物と事象と情景とが刻まれており、それぞれに固有の個性を持っている。この個性の連なりは推移と変貌の流れであり、大きく急速にうねりを見せることもあれば、静かなゆったりとした流れであることもある。そしてその各々の局面が時代である。時代は各人がおのれの想起のなかで切り取る区分であるから、何も教科書に示された政治的な時代区分である必要はない。むしろわれわれはその区分が余りにも政治的なものによって決定されていることを確認して驚くのである。少年時代も時代であれば、室町時代も時代である。両者のあいだには直接経験と間接経験との違い、遠近の差があるが、時代としては別のものではない。時代は生きた人間たちの記録なのだから。時代とは、人間がいかなる経験をし、どのような諸価値を心に抱いてきたかということをわれわれに伝える聖板である。

2 苦悩としての現代

われわれはなぜ過去の諸時代に惹かれるのか。現代生活の渇きのなかで人間性の取り戻しを求めているからである。現代人は空虚なもの、置き忘れてきたものを心のどこかで感じている。そのために照準が定まらないで、揺れる小船の上で弓を引くような精神状態に陥っている。われわれには何よりも過去が欠損しており、そのために船酔いを起こしているのである。われわれは幸福原理を求めようとするが、求めるほどに不全感も拡大していく。過去を振り切ってしまったわれわれは、いわば係留の綱が断ち切られ潮に流されつつある舟のようなものだ。われわれは癒されることを求めるが、現代の内部ではそれは満たされないであろう。逆に、いずれかの過去にめぐり合った者は現代が陥った事態に気づくことができる。時代を想うことによって、現代を歴史の悠久のなかに置くことができるからである。

主知主義と科学技術主義のもとでは、現代は過去をはるかに凌駕した特別の時代であると見られるが、これは人間を余りにも知と技術に特化させた理解であると言わなければならない。現代は技術的知性の時代である。技術的知性は対応処理の能力であるから、眼前の問題に関心を集中させ必死になるが、問題が去ればもはやふたたび顧みようとしない。このことが時間を一面化することにつながるのである。技術的知性はつねに目前の時間相へと視線を向け、目前に立ちはだかる壁を処理と処方によって乗り越えようとする。それゆえこの知性は近未来に向けられた能力だということができる。知性によって現代が近未来に結びつけられ当てがわれるのである。その眼差しは前方に向けられており、後方はこの態度にとってはすでに終了したものであり、「必要に応じて」振り返られるにすぎないものである。人は現代と近未来とがすべての問題であると確信している。眼前にはあらゆる障害がある。障害に対しては果敢に立ち向かわなければならず、さもなければ右往左往するしかないからである。しかしこのとき視野狭窄に陥るのである。現代はわれわれがいま心を砕いている事柄のすべてを包み込んだ世界であるが、この世界は朝の露よりも儚いもの、すぐに過去に送り込まれるものである。技術的知性はさまざまなきらびやかな新商品を開発するが、それらはほどなく賞味期限切れになってしまうであろう。

苦悩の現代をいかに生きるか

すべての人の自覚を越えて現代人は苦悩の雲のなかに浮遊している。仏教がこの世は苦界だと教えたのはまったく正しい。苦悩に直面していかに生きるかということがこの世の生に課せられた最大の難問なのだ。これまで人々は善悪の区別が唯一最高の道徳課題だと考えてきたが、われわれの見地から見れば、苦悩からの解放すなわち「解脱」が道徳の最大問題と見られなければならない。

苦悩と苦痛とは異なる。苦痛は感覚的であり、人間を突如急激に襲うが、長続きしない。たとえず襲う苦痛にも間隙があり、休らう瞬間があるものである。ところが苦悩は持続的である。苦悩は精神的性格をもっている。苦痛は身体を襲うが、苦悩は自己を襲う。苦悩によって自己の心は市街戦の戦場さながらの状況となり、激しく傷みつけられる。苦悩は自然からはやってこない。苦悩の発生地は社会であり、しかもその時制は現代である。現代という時代状況が人間にあらゆる苦悩を与える。現代という大気はいわば苦悩によって汚染されている。それゆえ現代を現代という処方によって克服しようとすることは、あえていえば傷口に毒を塗るようなものである。現代が与えた傷に対して現代のなかを探しまわっても有効な薬は見つからない。古人が不老不死の妙薬を探し求めて山野深く分け入ったように、われわれは時間の懐深くに入っていかなければならない。

過去が苦悩にたいして効用があるということには薬理がある。それによって現代の限界を知ることができるということ、このことが現代の攻撃から身を守る力を与えるのである。直面している困難を相対化せよ。現代社会においては互いが互いに対して他者である。そして現代において人間が他者であるということ、しかも我意の理屈にとらわれた他者であるということ、このことがわれわれの生を困難にしている。現代世界は自己―他者関係の世界であるが、本来人間は人間にたいして他者ではなかったのである。他者の他性が現代の人間関係の基軸となり、諸困難の根源となる。各人が孤立的に相手に対して他者となり、機能的利益的にしか関係を結ぶことができないということが、何といっても現代の特徴である。それでは他性以外にどのような人間関係が可能だというのか。現代人は他性の壁のまえに呻吟する。共生は現代人の仮想的な憧憬である。ところがそれは親密空間以外では生まれることも感じられることも不可能に近い。現代における人びとの苦悩は他者との関係の苦悩であり、絶望とは他者が存在することである。

それゆえわれわれは現代世界のなかで苦闘しながら自己を捜し求める。おのれが陥った罠の秘密を知るために。脱出の可能性を探るために。われわれは自己の脈絡を押し拡げ、生き生きとしたものにしたいのである。ところがわれわれは、この罠のなかで諸関係が縮小し、ますます硬直したものとなるのを見る。自己が縛りつけられ、自由度を奪われ、身動きが取れないほどにがんじがらめにされていくのを感じる。このような状況では、可能性を求める個人が苦悩に陥るのは必然である。動けば動くほど締まっていく拷問具のように、現代社会は自由の許容度をますます狭くしつつある。現代における呼吸困難はこのような現代社会の自縛機構の作用結果に他ならないであろう。それゆえわれわれは現代を脱出しなければならない。おのが精神を現代に埋没させてはならないのである。寛容の度合いを喪失しつつある現代社会を「緩和する」ためには、現代を相対化させる自由な精神が必要不可欠である。

苦悩と愛

もっとも、いつの時代にも人間は苦悩のなかを生きてきたのであり、その意味では人が苦悩から解放されることはありえないであろう。人間の時代は苦悩の時代なのだから。このように苦悩が人間的な生と倫理の源であることをもっとも正面から受けとめた思想は仏教であろう。宗教は人間の生きざまにきびしい反省を迫るが、そのなかでも仏教はとりわけ苦悩を正面から直視しようとする。仏教は人間の根本規定を煩悩と執心に見定めた。人間の住む世界は苦界であり修羅である。それゆえ救いを求める生き方とはこの苦界からの厭離でなければならない。それでは苦悩とは何か。自己を阻害し、翻弄するものに心が掻き乱され、そのものに心が絡みついて解けない状態のことである。そしてここでも自己は得体の知れないものに苦しむが、その源はやはり自己と他者との相剋と不一致である。仏教が生を苦悩と見、その苦悩の原因を人間関係に見定めたことは真に注目に値する。そこには苦悩にたいする鋭い洞察があると言わなければならない。人間の喜び、願望、安心のなかにすら苦悩が張りついている。苦悩の濁りのない透明な喜びとは地上からかけ離れた天上の光のようなものであろう。

苦悩と愛とが表裏一体のものであることは容易に理解することができる。愛とは他者との結合への強い牽引である。不一致の累々たる屍を踏み越えてきた者は愛の何たるかを深く知ることができる。苦悩を持つものは愛を求めて苦しんできたからである。愛には求める愛と放つ愛とがある。いずれの愛も対象との一致への衝迫的な精神的行為であるが、放つ愛はより高次であり、よりあとからやって来る。求める愛には苦悩が伴うが、放つ愛にはもはや苦悩がない。しかし放つ愛は苦悩を経ることなしには生まれえない。仏教が教える慈愛はまさしく後者の愛であろう。慈愛は苦悩と表裏一体であり、苦悩なしでは慈愛はありえない。慈愛は苦悩とすれすれの関係にあるのだ。

苦悩は倫理の根本概念である。このことを洞察したのが仏教である。西洋の思想は、人間の苦悩を情欲による翻弄や、不安、怖れ、フラストレーション、トラウマなどさまざまな用語で説明しようとしてきたが、その思索は苦悩の根源にまで届かなかった。これにたいして仏教はまさしく苦悩の哲学であり、苦悩する存在としての人間に徹底密着している。仏教的意味での苦悩(煩悩)が事態の本質をもっともよく突いていると思われる。仏教においてはこの千年来、世は末法の時代である。進歩史観の逆説というべき末法思想は鎌倉室町期に広まり、日本仏教の興隆を促したが、末法の教えは現代においてもまったく無意味というわけではない。末法においては、それぞれの時代が苦悩の時代であり、苦悩こそが時代の根本規定となるからである。われわれは未来のうちに無苦悩の平安を夢見るかもしれないが、そのような未来は訪れない。苦悩は汎時代的だからである。

他方で、キリスト教はイエスの受難 Passion を教える。受難の原因は人間の罪である。キリスト教徒にとって十字架はイエスの受苦であるとともに、人間の罪の赦しの象徴であり、堕罪からの守りである。十字架によってキリスト教徒は罪を自覚する。キリスト教は罪を直視する宗教であり、苦悩は罪によって媒介されている。ヨブの苦しみは罪への試練でなければ理不尽であろう。苦悩することにおいてではなく、罪を自覚することにおいて信仰が成り立つのである。それゆえ情熱 passion と苦悩とは対称的である。苦悩は自己の根源に触れそこに自己を翻弄するものを見とどけるが、情熱は十字架に試されることによって罪を自覚し、よき行為への企図に向かう。情熱には、受動的でありながら反転して積極的行為を生みだす力があるが、苦悩はひたすら受動的であり、自己の宿命を受け入れることに専念する。

美的苦悩

苦悩が不変的であるなら、われわれには諦観しか残されていないのではないか。過去の時代に立ち返ることは無意味ではないか。過去の時代もまた苦悩であるなら、それは現代のわれわれに何を教えるというのか。いずれの過去もそれが現実であった時には錯乱と苦悶の固まりだったのだ。しかしわれわれは、それにもかかわらず過去に遡らなければならないと思う。それは過去が現代の根であり、現代を映し出す唯一の鏡だからである。過去の諸時代を見るときわれわれは現代の苦悩の原因と根拠とを知ることができる。もろもろの時代は現代にまでつながる苦悩の尾を引きながら過去の底部に沈んでゆく。諸時代の尾は遠いか近いかにかかわらず、現代にまでその尾を伸ばしている。このあるいはあの時代は現代と何のかかわりもないと考える人は歴史の意味を知らない。過去に語られた事柄、生起した事実はわれわれの記憶の底に痕跡を残しており、現在の行動を底辺から突き動かしているのである。過去の苦悩はじつは現代の苦悩と同根同質であり、驚くほど類似的であり共通である。

しかしそれでも現在と過去とでは苦悩の「成熟度」が異なる。時代が過去の奥底に沈潜していくにしたがって苦悩は浄化されるのである。現在の苦悩はまだ生々しいが、時の発酵作用をへた苦悩は透明化され、いわば「美的苦悩」にまで高まっている。現代の苦悩はまだ浄化されていず、不純の苦悩である。そこには怨念となるもの、精神を食尽するものが混入している。それを浄化することが可能となるのは、歴史的時間の絶対的透析力によってのみである。そして、時間のこのような作用力に自己を一体化させることが根源的倫理に他ならない。自己の浄化は何か特殊な「修行」によってえられるのではなく、あれこれの言葉によって導かれるのでもない。時間の悠久の潮汐作用が人間の行為を浄化していくのであり、人はこの時間の働きを見つめることによってもっともよく現在の苦悩から脱することができるのである。人が過去の時代に遡るのは、そのなかから「美的苦悩」を読みとり、そのことによって現在の自己が陥っている醜悪な苦悩を透明化したいと願うからである。過去にはそれが可能である。時代はそれが過去のなかへと沈殿するにしたがって、苦悩が苦悩のままで「旨きもの」に転じ、芳香を放つようになるからである。

3 時代の哲学

過去の浄化の問題が倫理的であるというのはどのようなことか。人間の行為はそれが過去の世界に参加することができるためには、関門をくぐらなければならないのである。人間の行為にはそれがそのまま過去となってはならないものがある。行為はそれが義認されるまでは過去に参画することができないのである（仏教においてはこの義認のことを成仏という）。現代のわれわれにとって時代を考えることは、われわれに課せられた責任の問題を考えることにつながる。糖質は次第に発酵して芳香を放つようになるものだが、そこに有毒物質が混入していれば発酵せず、腐敗するか異常反応を起こす。それと同じように過去もまた発酵し純化するものだが、腐敗した時代はいつまでも傷口を開いたままである。過去が過去として成就しないのだ。このような過去を阻止された過去と呼んでおこう。過去に送られるべきものが未決のままであり、あるいは責任回避のままであれば、そのような柵に時間の流れは妨げられ、せき止められた水は荒れ狂う洪水を引き起こすであろう。

苦悩と責任

苦悩の問題と責任の問題とは一体である。責任ということがない世界では苦悩もまた生じないからである。責任が回避されるとき、代わりに苦悩が責めたてるのだ。苦悩にはかならず「責めあり」の声が張りついている。責任を果たさず苦悩を感じない人間は罪業に落とされ、責任を果たさず苦悩に陥る人間は道徳におびえなければならないであろうが、責任を果たすことができなくて苦悩する人間は道徳的宿命を背負わなければならない。どのような行為を意志するかという問題はもちろん道徳的であるが、自らの犯した誤ちにたいしてどのように責任をとるかということは、はるかに切実な道徳的問題である。責任を果たすということは道徳における不可欠条件だからである。この条件がクリアされなければ道徳そのものが起こりえようもない。いかに取り繕おうとも無責任の周辺には道徳的無法地帯が形成され、これが次第に膨張してその者の人格を破壊するにいたるであろう。責任の問題は時間のそれと一体である。責任は、それが社会的場面で問われる場合は道徳的というよりむしろ法的であるが、歴史的時間的場面で問われる場合にはむしろ本来の道徳が関わってくる。責任は曖昧にされればいつまでも未決に残るのみならず、「過去を顧みない者は未来を自壊させる」という根本法則から免れることができないからである。道徳の真の住処は時間であり、内面の持続的な志操性にあるが、このことは人間が責任を受けとめる存在であることと同義である。

侵略の思想

われわれは不全の時代を生きている。戦争の世紀を経て、いまだに払拭されないのは「侵略の精神」ではないか。わが国では侵略戦争への反省が一向に進展しないが、このことにはより深い理由があるように思われる。それは二〇世紀が人間の心に植えつけた「侵略の思想」が今日われわれの周りを徘徊していることである。他国への侵略のみが「侵略」ではない。他者を手段と見るあらゆる行為、すべての自己中心的振舞いは侵略的である。自然への侵略、他者への侵略、生命への侵略、自由への侵略……。侵略とは自己の利益のために他者の世界を犠牲にし踏みにじることである。戦争のみならず、近代以降の人間の行為の多くが侵略的であったことをわれわれは認識すべきである。ところが今日、あらゆる類の侵略は一向に克服されるどころか、その世界侵略的精神はむしろ全面化しつつある。われわれが安心して行っているさまざまな「利用」が侵略と無関係だとどこまで言えるであろう。近代的生活は侵略性を帯びることなしには成り立たないということを少なくとも銘記することなしには、いかなる保護も共生も偽善性から免れることができない。

ヘーゲルはわれわれを「時代の子」と名づけた。人は時代の諸関係によって規定され、時代の歴史的状況のなかで時代の精神を受けとることができ、この精神を体現してそれぞれに活躍することができるという意味である。もちろんわれわれは「時代の子」である。しかし現代の時代の子は時代の精神を体現し、持てる力を発揮するというわけにはいかない。むしろわれわれの多くは「時代性被虐症候群」に見舞われている。引きこもりやニートだけではない。一見幸運に恵まれ、元気に働いていると見えるわれわれ自身がそうである。精神的不全感は現代人の共通の通底状態なのである。何の憂いもなく、時代に安住することのできる時代の子はもはや一人もいなくなった、ということがむしろ現代の最大の特徴かもしれない。

ヘーゲルはまた、羅列的な歴史観を「阿呆のギャラリー」と揶揄した。阿呆は、時代の脈絡、歴史の運動の必然性を理解せず、諸時代をたんにごてごてした陳列品のようにしか見ないからである。たしかに歴史観において時代変遷の必然性を認めることは重要であるが、しかしそれぞれの時代にはその時代しか産み出せない特質とまとまりがあることはそれにもまして見落としてはならないことである。歴史は阿呆ではないが、まさしくギャラリーなのだ。むしろわれわれは、時代とはそのそれぞれが作品として示されるものではないかと思う。あるいは時代とはたしかに「諸関係の総合」であるが、たんなる空間的総合ではなく、むしろ一つの生命体であるかのような有機的総合であり、その運動はあたかも弁別的行動を営んでいるかのように生動的である。このことのゆえにわれわれはそれぞれの時代に固有の価値を見出すのだ。

人は十年を一昔という。街並みの変化を見てすっかり変ってしまったという。また世の中の変化は二十年を待たなければ真に実感できないともいう。世代が時代というわけである。二十年が経てば確実に世代の交代が行われる。時代と世代が対応する。しかし、本当の時代変化は時間の長さによって決まるわけではない。現代のわれわれは一世紀というスパンを大きすぎる単位と思い、百年前の世界を思考対象の枠外に投げ出してしまうだろう。比べる縁もないのである。しかし一世紀の間さしたる変化もなく過ぎた時代もあったのだ。時代とはいつからいつまでにその本来の意味があるのではなく、どのような全体的脈絡が保たれたかということにその本質がある。時代変化はむしろ一定の大きな運動の総体のもとでとらえられたとき、その本質的な特徴を露わにするであろう。今日の豹変する時代意識は余りに近視眼的であり、どのような方向に推移が向かうのかということをかえって見失わせる。人間の存在理由を見つめるのならば、千年単位で考えなければならないかも知れないのだ。

拒絶する勇気

それでは時代の変化とは何か。諸状態の変化は時代変化ではない。たんなる変化ならいたるところどこにでもある。一つの時代のなかでもすべてはたえず変化する。何ものもひと時も止まることがない。川の面を見ていればすべては流れ去り、浮かぶ紅葉は次々と流れ去るばかりであろう。しかし川そのものは安定しており、形を変えない。時代の変化とはこの川の流れが変わることである。歴史という川は洪水のたびにその流れを変える。

時代は「区切られた、ひとまとまりの長い時間」（広辞苑）だというのは、無内容な機械的説明でしかない。これでは何も説明したことにはならない。時代には内容がしっかりと詰まっており、規定はそれを言い表しえるものでなければばならない。歴史家は社会の基底的な権力関係によって時代区分をするであろう。しかし美術史家は美的な様式から時代をとらえ、バロックの時代を語り、ピカソの青の時代を論じるであろう。そして哲学者は人間の思考方式の変化から時代を考えるのである。人の心は大きなうねりをもつ。或る思考時代においては、人々は或る考え方を当然のこととして受け入れる。そして他の思考時代の方式をありえないこととして斥ける。このような時代の偏見の雲から這い出て人間の時代の大きな流れを見届けることが哲学の使命なのだ。時代に共通する特質を切り出すことは困難に見えるかもしれない。しかし一つの時代にあるものはある特定の人間の生き様であり、精神の姿であるに違いない。時代とは人間のそれぞれの存在様式に他ならないであろう。人間の時間はその生活構造と精神的状況によって時代化される。この時代を語ることができるなら、哲学はその使命を果たすことができる。

偉大な時代があり、混迷と錯誤の時代がある。そして多くの時代は人間が愚かであったことを教えている。なぜ、どのようにして偉大な時代が誕生したのかを考えることは重要であるが、なぜ余りにも多くの時代が不幸であったのかを考えることはよりいっそう重要である。ある特定の時代に生まれたことは宿命であるが、幸運でもあるのだ。時代のなかにいるわれわれは時代をこれ以上愚かにしてはならない。時代を拒否するのではなく、時代の愚かさを拒否しなければならないのだ。現代において時代に埋没することは、時代の安楽死に加勢をするようなものであろう。われわれはいつも時代と共鳴しあうことを望んでいるが、拒絶する勇気を失ってはならない。そのためには何よりも過去の諸時代を振り返るべきである。現代を過去によって相対化するとき、人ははじめて本当の現代人になれるのだから。

4　憧憬

時代は大きな区切りによって他の時代と分け隔てられる。時間の流れには変化点があり、この変化点を通過すると何もかもが新しい時代に移行する。一つの時代において諸条件が集積されて飽和点に達すると世界は変貌せざるをえない。時代が変貌するとき、何か或る特徴的なものが変わるだけではない。時代を構成するすべてのもの、いわば諸関係の総合が変化するのだ。それは生のスタイルの変貌と言い得るほどにまで変化することがある。そして新しい時代が到来すれば、古い時代は忘れ去られる。

現代の風景から現代的なものを順次取り払い、そこにかつてあった時代の風景を再建してみよう。同じ空間、同じ場が時間の道を逆に進み、その時代のその場が浮かび上がってくるであろう。そして過去のその場に遭遇することができるであろう。もちろん、これは精神の内部でのみできることである。長い年月の後に変貌した故郷の街に降り立ったとせよ。始めは目の前の新奇な光景に驚くであろう（浦島現象）。しかし、いつしか目のまえの建物を消去し、子ども時代のそれに置き換えているであろう。故郷は客観的には失われ変貌してしまった世界であるが、心のなかではもとの姿のままに息づいているのだ。

近代都市のただ中で須磨の浦の渚を描き、また南海の地を訪れ慰霊碑に佇んで集団自決のことを想うことはたしかに容易ではない。しかしもし、眼の前から高層ビルが消えてゆき、白砂青松の渚が心のカンバスに表れたなら、その人はやはり平家の滅亡に立ち会ったのだ。また紺碧の海の底から阿鼻叫喚の叫びを聞き取った人は、数十年の時間を飛び越えたのだ。これほどの旅を経験した人は憧憬の意味を深く知ることができる。

人はたえず何ものかに憧れる。そのとき人は未来的なものを心に描いている。憧憬の対象は憧れる人にとっていつも「未―来」だからである。しかしその未来はまったく新しいものではない。完全に新しいものなど人間には来るべくもないし、もし来たとしてもそれを捉えることができないであろう。未来の真の意味は再来の「未—来」であり、その未来が訪れたときそこには過去の諸内容が秘められている。未来の奥には過去があるのだ。まったく新しい何かが突如として未来に現れるというようなことはありえない。未来に訪れるものは変容された過去である。そして憧れの対象が過去にあると聞けば人はいっそう驚くであろう。憧れとはまだ生起していないもの、所持していないもの、夢想的なものへの想いのことと決着しているからである。しかし新奇なものへの憧れと思われているものは、その実態はむしろ願望であろう。願望と憧れとは異なる。願望は明確な対象をもつが、憧れは視線を対象に向けず、むしろ中空を見るように焦点を無限の彼方におく。願望は衝動と熱意を道連れにしてやってくるが、憧れには深い嘆息を友とすることがふさわしい。憧れは夢想的であり理想的である。そのような憧れは望郷に似ていないだろうか。

望郷は過去に想いを馳せることであるが、その過去は自らの出生の時と処に結びついている。人は自己から離れることができない。しかしその自己は出生を端緒にし、今にいたるまでその運命を甘受している。自己が始まったその地、幼い日々を過ごしたその街並み、まだ何の不安も抱かなかったその大気、——望郷とはそのような土地に心が吸い込まれることである。望郷において人ははじめて、現在の自分が今立っている場所がいかに初心の地から懸隔しているかを自覚することができる。望郷とは現在を末尾として過去に心の先端を寄せることである。憧憬は望郷よりはるかに過去に遡り、夢想的である。憧憬はまだ来ない時間を求めるのではなく、時間のより「元」にまで遡ろうとする働きである。人は明日の幸福を夢見るが、その内容を思いのままに独創するのではない。夢や憧憬にはまだ来ない世界への視線があるが、その描かれた情景には必ず過去の原理が働いている。持続する時間は未来に向かって進むが、未来はまだ来ない世界であるから内容を持たない。未来はそれだけでは見えるはずもないのである。それゆえ人は過去の世界を自分のものにしないかぎり未来を豊かに思い描くことができない。

精神的野蛮の時代

文化は人間精神の土台を形づくる。文化はいつの時代にも手間ひまがかかるものであり、油断をすれば田畑に雑草が生い茂るように野蛮（バルバロイ）に覆われる。このことが今日特に強調されなければならないのは、現代日本において文化力がいよいよ弱まってきているからであり、文化と同義語である教養がますます軽んじられてきているからである。たしかに今日の文化状況は利那放散型に傾斜しており、清涼飲料水のように一時の快は好まれるが、むしろ持続が嫌われるという体に収まっている。古典的教養は著しく後退しており、ほとんどの学生が古典に触れる機会を持たないまま卒業していく。そのために心の届く時間幅がどんどん狭くなり、現在と近未来に縮小されていく。若者の近未来に向けられた直観力はシャープであり、創造的であるが、素材が薄弱なのだ。しっかりとした過去の素材を持たないとき憧憬は欲望に転落する。

このことには教養教育を軽視してきた今日の大学教育に大きな責任があり、文化をたんなる暗記項目にしてきた受験教育に原因がある。さらに教育の全体が文化の修得にではなく、現実への対応や現代的課題に集中するようになってきている。社会が無教養（無過去）社会に傾くとき、精神的バルバロイが威力を奮い、判断力が限りなく萎縮し、そして社会は確実に沈没していく。このことは歴史が繰り返し実証していることであるが、われわれの現代だけは例外であるかのように人々は不思議にも思い込んでいる。われわれは戦争期における国民の愚かさについて語るが、文化破壊という点では今日は戦争期に匹敵するということに気づく人は少ない。今日の大学教育において、本来の学問的区分を解体し、重要な専門分野を解消し、したがって専門研究者を駆逐し、横一線の時代即応型のネーミング学部や学科を置きつつある日本の大学はこのままでは学術文化の拠点であることを喪失するであろう。「大学バルバロイ」はすでに危機的レベルに陥っているが、人は危機が深刻であればあるほど気づかないものである。

憧憬とは何か

「いにしえ」とは憧憬としての過去のことではないか。過去に親しむことができるためにはそこに伝承と継承が成り立っていなければならない。そして長く継承されるものはそれぞれに理由がある。歴史的な生命力があるということは、いつの時代にも忘れられなかったということである。すべての伝統には揺籃期があるが、われわれはその揺籃の時代に「いにしえ」としての敬愛を覚えるのである。およそ出生と揺籃とには不思議な力がある。というよりも力そのものが不思議にも姿を纏ってこの世にあらわれることがあるのだ。われわれは過去に向かうとき、この不思議な力に憧れているのである。

子どもはなぜ「むかしむかし」が好きなのか。その昔は何でもない昔であるが、熱心に物語を聞いている子どもにとっては憧憬の昔である。神話には人の心をひきつける不思議な力がある。神話は創生物語であるが、すべての民族と国家に神話があるということは、人間の関心が強く「創生」に惹きつけられているということを示している。物語と神話の世界は後ろ向きに歩く。振返ることが進むことである。「むかしむかし」とは開闢のことなのであろう。物語と神話――開闢にたいする憧憬がこれらの世界を産み出し、人間に安心を与えてきたのである。神話は民族の出生に対する憧憬である。太古の人びとが神話を客観的出来事として信じていたかどうかという ような言い草は愚かである。およそ客観的という言葉や認識という発想は近代の産物である。古代人は客観的に議論をするのでもなければ認識するのでもない。彼らは自分たちの出自にたいする憧憬をもったのである。

「そんなことをすると雷様にお臍を取られますよ」というような言葉を今の子どもは鼻から信じない。彼らは寓意への憧憬をもたない。それが非科学的だからではなく、憧憬を感じないからである。その証拠には、彼らはアニメの世界ではさんざんに同様の話に心を奪われている。おみくじを引いたり、星占いを楽しむ彼らはそれらを信じているわけではない。信じる素振りをすることが大切であり楽しいからである。この素振りがなければ彼らの心はしらけてしまう。信じるのではなく、信じることを信じる。そこに憧憬の論理があるのだ。認識や認知が判断の理由であり、行動の原因であるという理解は科学が生み出したモンスターにも等しい。

憧憬とは何か。憧憬とは自己の内にありながら自己に知られていない真の自己への憧れであり、自己の源と始まりへの傾動である。多くの人は自己への願望を「自己実現」という言葉によって言い表わすが、この言葉は意味不詳である。真の自己をめざすのであれば自己回帰が適当であり、自己のうちになかったものを獲得するのであれば自己獲得がふさわしい。ならば憧憬の忘却とは何か。目先の利害に心が奪われ、自己が見えなくなることである。前向きであること、上を向いて歩くことはもとより否定すべきことではない。しかしこれをまだ来ぬ明日の意にのみ受けとればその真価は半減する。自己に届かないものしか見ようとしないからである。ひたむきであることとは人間における最大の美徳である。しかしそのひたむきが憧憬へのひたむきであることを忘れるなら、そのひたむきはたんなる猪突猛進に代わってしまう。

それでは憧憬とは何か。憧憬は願望でも欲望でもない。願望や欲望は現実的で客観的な世界に属し、物質的な利害に向かうが、憧憬はどこまでも想念にとどまる。憧憬は現実に何一つ手をつけない。憧憬を抱く者は現実の川の流れの辺にあって、堤防の草に腰をおろしつつ流れを眺める。しかし眺めを見やりながらも、心はすぐにもう一つの世界、過去の甘美のなかに沈んでいく。われわれの自己は、自我の固まりとしてははなはだ頑迷なものであるが、その現実の姿はいつもぐらぐらしている。流れのなかに飛び込んで獲物を狙おうとするからである。流れの川床はすべりやすく足をとられがちだからである。憧憬を心に抱くものはたしかに傷ついた心に苦しんでおり、失われた時間を悔やんでいる。そして失われた時間を求めて放浪しつつ、しだいに過去に沈潜し過去の彼方に想いが延びていく。憧憬には深く沈んだ想いがある。憧憬には弦月の蔭りがあり、旅人の渇きがある。憧憬とは自己の欠損にたいする、傷口の痛みのような想いである。それでも憧憬は現実の行動に向かわない。蔭りがあればあるほど憧憬は口を固く閉ざし、過去に沈潜していく。憧憬を持つものはこうして沈黙のうちに現在を超える。

人は翌檜《あすなろ》をいつも想うものである。しかしこの想いは空しい。

あすはひの木。…なにの心ありて、あすはひの木とつけけむ。あぢきなきかねごとなりや。たれにたのめたるにかとおもふに、きかまほしくをかし。

（『枕草子』40）

まだ来ぬ明日はまったく頼りないものである。明日を当てにすることはたしかに「あぢきなきかねごと」だろう。「明日」という言葉はたしかに人に希望を与え、元気を回復させるかもしれない。しかし、その明日は自己に結びつかなければ、大した意味はない。自己はその内容から見れば過去が現在にまで到達したものである。それゆえ明日に向かって橋がかけられようとしているが、明日の側には橋脚がないのである。この橋は現在によってのみ支えられている。この橋は客観的な未来への展望を与える橋ではない。それでもわれわれは、心のなかでこれまでの全体とこれからとを繋げようとして橋を懸ける。

苦悩と憧憬

日本的心性には苦悩と憧憬が二つながら貫かれている。この二つの自己を包むものがわれわれの精神の基底を作り上げてきたのではないか。語り継がれ、謡い継がれ、描き継がれてきた日本の表現芸術には苦悩と憧憬の交錯があふれている。苦悩がその重さを憧憬によって和らげられ、憧憬が苦悩の翳りを受けて木洩れ日のような揺らぎを受けているところに日本文化の特質がある。一辺倒の明るさや深刻な悲劇の展開はなじまない。とりわけこの光と影の交差する刹那に日本人は美意識を向けてきたのではないか。万葉の歌には苦悩と憧憬、悲哀と歓喜の絵模様がどこまでも広がっている。世阿弥の作品には複雑な悲劇物語はなく、滅び行く者のひと時の憧憬が一幅の絵画として描きだされている。茶の湯は不可視の苦悩と憧憬がそこに感じられなければ狭い空間と窮屈な作法に畢ってしまうだろう。

5　古学のすすめ

近代の日本の歴史的流れは、日本人の時間観念を決定的に変化させてしまった。われわれはこの問題を考えるうえで、明治維新の大きな影響に着目してみよう。明治維新はそれまでの日本的な時間の流れを根元から切り落とすという役割をはたした。明治以降、時間は一方向的運動を専らとし、いわば「文明開化」型、「富国強兵」型時間に変貌してしまった。この時間には加速上昇作用と過去抹消作用とがある。この時間の下では、すべての関心が近未来に向けられるが、その近未来は数量のみを目標とする時間である。過去を無意味なもの、あるいは顧みる必要のないものとして容赦なく切り捨てる時間である。過去への憧憬と保持こそは日本人の心性にかなった根本的時間観であったにもかかわらず。日本的時間はともかくも過去の悠久の回転、輪廻と歩みをともにしてきたのであった。この悠久時間をわれわれは近代の呱呱の声とともに断ち切ってしまったのである。過去を切り捨てるとき何が起こるかを考えないまま近代は暴走した。なぜ、悠久の時間のもとに生活していた日本人が突如すべてをかなぐり捨てて近代化の道を暴走したのか。西欧文明のショックと「生き残り」への衝動が日本に醜悪な道を走らせたのであろうか。あるいは保身的な追随意識のゆえなのか。それとも文化や心性は儚いものであり、外部からの暴風の前では為すすべもなく吹き飛ばされてしまうものなのか。

日本の近代をどうとらえるかという問題は日本文化を考えるうえで避けて通ることのできない問題である。それは、日本近代という「妖怪」が時間秩序の変化と心性の変化を強引に道連れにしたからであり、過去を忘却させ、日本的な美意識と文化を根絶やしにしかねない繁殖力を持つ移植生命体だからである。それでも一九四五年まではまだ伝承的時間は変容を受けつつも息を保っていた。戦争時代と戦後の経済成長とがこの時間の息の根をとめたのであった。いわば時間が機能化され、その歴史性が無自覚化されてしまったのである。この間に国土の自然は一変したが、それと同じように人心も大きく変わってしまった。現代を時代の流れにおいて考えるという発想が人びとの胸裏から消えてしまったのである。たしかに現代は時代感覚の途絶のうえに成り立っている。過去が博物館や図書館のなかに収納される。歴史は客観的物理法則であるかのように年代記述の枠のなかに押し込まれる。要するに過去の諸時代はもはや「わがこと」ではないのだ。

ところが他方で心性は不死鳥のように再生産されるものである。根絶やしにされたはずのその日本的心性が、ふたたび新たな装いをまとって蘇る。今日の社会状況も人びとの意識も若者の行動も急激な変貌をとげ、新奇な文化を生み出しているが、それらもまた実に日本的である。新しい諸現象は過去のものとは同じでないが、他の諸文化から際立って異質であり個性的である。どのように著しい変化をとげようとも、新たに生まれるものはことごとく日本的である。その点では日本的なものはしっかりと再生産されているといわなければならない。過去との連続性が断たれているが、日本的なものは断たれていない。その意味では日本的特質は汎時代的ですらある。この新しい日本的心性は、それだけでは新奇さばかりであり、破天荒でさえあるが、もしそれが過去からの流れとつながり、日本の美的伝統を蘇らせることができたなら、それは輝かしい生命力を取り戻すであろう。しかし、さもなければそれはその過度の特異性によって国際的基準からはみだした「グロテスクな文化」のままで終るであろう。

古典喪失の時代

問題は現代のわれわれが抱く文化意識における帰属状況にある。一方では、既成の諸価値に意味を見出さず、新世代に特有の感性的一致に自己の場を求めようとする自己一致があり、他方では、まったく無自覚に現状の秩序を受け入れ、その波から外れまいとする自己一致がある。両者のアイデンティティーは確かに矛盾するが、現代人のなかに不思議にも同居しているのである。両者に共通しているのは過去からの断絶である。今日、古典的な時代の生き方は多くの日本人にとってもはや何の魅力も脈絡も与えない。確かに古典的な知識や教養についてはまったく見失われているわけではない。しかしその知識は、学校の暗記事項と時代小説やテレビドラマの域を越えることがない。歴史的時代は画面上のフィクションに過ぎないものとなっている。過去の時代とのつながりという点では、現代はたしかに古典喪失の時代である。古典は過去の住人になるためのパスポートであるが、過去への旅に憧れないものにとってはパスポートを取得しようという意識は生まれないであろう。

時代への無自覚が拡がるのは現代社会にとって大きな損失である。自己の覚醒は時代を相対化する力、いわば時代包摂力と重なる。現代が一つの時代であること、その時代は過去からの脈絡から切り離れてはありえないこと、過去には内圧があり、その圧力を失うと真空状態になること、これらが時代の論理である。過去は非有の有であり、その有は心の内にしかない。しかし、この有がしっかりと心に把持されれば、その生は深みを増し、故郷に帰ったときに覚える安らぎをえるであろう。

Ⅵ 持ち分と成就——未来に向かう行為とは何か

1　可能性

未来は人間にとって予期の世界である。人間はいつも可能性に直面している。可能性の時間的意味は、来ようとしてまだ来ないという点にあるが、このことをわれわれは未来という呼び名で表したいのである。現在と現実、この「現」の世界の先にあり未だ到来していないものが未来である。未来は未だ到来しないものであるから、あらゆる人知を超えている。しかし到来しない未来はない。到来しないものは未来ですらない。来るべきものは必ずやってくる。ただそれが未だ来ていないということのために、たとえ目前に迫っていてもわれわれが気づかないだけなのだ。未だ来ないそのものが到来するということ、このことをわれわれは「遭遇」と「成就」として理解する。遭遇は向こうから、成就はおのれの内からやって来る。人間には不可能なこともあれば、可能なこともある。その可能なことのなかにおいても、到来するものもあれば到来することのないものもある。それではどのような可能性が到来し、妨げられて来ることができなかった可能性とはいかなるものか。成就はどのような条件で可能になり、成就によって人間は何を得るか。

現代人は、未来は自らが創りあげるもの、少なくとも招き寄せるものと固く信じている。近代的な能動的主体の思想はそのようなものであり、形成―獲得―所有という行動図式に則って人間の行為を説明しようと考えている。しかしわれわれは考えなければならない。自己形成の本当のプロセスはどこまで成り立つのか。能動はどのようにして可能になるのか。努力をするということは何を意味するのか。はたして未来は獲得されるものなのか。人は未来を加工形成することができるのか。

最善を尽くすという行為はすぐれて道徳的である。しかし最善を尽くすことと未来を自ら掴むこととは同一ではない。もとより人間は未来を掴まえることができないからである。未来が人間を掴むのであり、やって来て一切を押し流していくものが未来ではないか。これにたいして、最善を尽くすことは未来におのれを賭けることではなく、現在を運命として受けとめそこにおのれを賭けることである。未来の創生というわれわれを魅了する言葉は、それゆえヴィジョンのイメージ程度の効用はあっても、論理的ではない。未来は人間が作り出すものという考え方はほとんど間違っている。未来は人間の手の届かないところから到来するのである。

可能性と現実性

それでは人間の営為とその可能性とは何であろうか。人間を取り巻いているものは開かれた可能性であろうか。それともそれは宿命や運命というものであろうか。今の私がこのように現にあるのは自らが開発した結果であろうか。どこまでが自力なのか。今の私にはか弱いながらも力が備わっているであろう。しかし、この力はどのようにして得られたのか。今、私は自ら状況に立ち向かっていると考えている。しかし本当は状況に立ち向かうべく何ものかに強いられているのではないか。今、私は未来に向かって自由を感じている。しかし、この自由は自らが生み出した自由であろうか。それとも自由だと思うように仕組まれているのではないか。今、私は道を歩んでいる。しかし、私は道なき道を本当に歩んでいるのだろうか。それとも、私が進む道は誰かが与えてくれたものではないか。

可能性のカテゴリーは現実性のそれと対概念をなす。それゆえ人はいつも容易に可能性は現実性に転換するのだと考えてしまう。可能性は現実に転換するところに意味があると思っているのである。しかしポケットに百ターレルがあると思ってみたところで実際にそれが存在するわけではない。可能性と現実性との間には測ることのできない海が横たわっている。そしてわれわれはこの海を渡ることが厳しいものであることを本当は知っている。ところが人間はあまりにも卓越した想像力をもっているために、その飛翔力によって可能世界に直ちに飛び移り、そこにありとあらゆる幻影を描きあげるのである。可能性とは、太陽光によって海面の波紋が海床に戯れ、海藻や珊瑚を育む海洋のカテゴリーのようなものであろう。そこには生きとし生けるもののざわめきと喜びがある。ところが、そのような可能性の底には所与と宿命という深い流れが潜んでいるのである。無論、珊瑚礁の周りには海溝の深淵が広がっていることであろう。しかし可能性に戯れる魚はそのようなことに頓着しない。不安を抱かないこと、これが陽光の可能性の姿である。

ところが他方で、可能性は不安の苗床でもあるのだ。青年期はたしかに可能性の時代である。しかしその可能性は戯れる光の可能性というわけにはいかない。背負わなければならない重い可能性は駱駝の可能性であり、重さを感じる若者はそれを可能性と思うことさえためらうであろう。自由な選択と夢想するにはそれは重すぎるのである。彼は「行う」ことによって、その荷重に耐えようとする。さもなければ押しつぶされそうになるからだ。しかし重さの可能性もそれが可能性であるかぎりは、実は現実ではなく橋の向こうに横たわるものなのだが。

いずれにしても人は現実と可能性の間を流れる海流に運ばれる。この海流は予期することも避けることもできないものである。海流に運ばれることによって希望の幻影から遠ざかってゆくとしても、そのことが不幸なのではない。運ばれることは自然であり運命なのだ。ところが他方で、川面を流れる紅葉には下流へと流れていく運命だけがあるのではない。行く手には、淵の淀みにたゆたい、あるいは柵にかかって錦を織りなす運命も控えている。「絡みとられる」という運命もあるのだ。あるいは運ばれ、あるいは絡みとられること――これが現実と可能性とのあいだを漂う存在者の生きる姿であろう。それでは、流れの河口に広がるという未来に向かう人間の行動とはどのようなものでなければならないか。

2　待機の思想

可能性には「待つ」という態度が伴う。行うことが積極的で待つことが消極的であるのではない。人間の態度には行うことと待つこととがあるのだ。人は待ちきれないで行おうとする。しかし、行うことは現在を撒き散らすことなのである。人はやってみないことには分からないという。そして行う人は眼前の対象をしか見ようとしない。人は手の届くものにしか行為を及ぼすことができないからである。しかも、行う時に人が所持しているものは過去なのである。行うというその限りでは、そこには新しいものは含まれない。それゆえ、行為の創造性とは行為の中身にあるのではなく、その行為が行き当たる対象との「出会い」にあるのだ。創造性を付与するものは行為者ではなく、出会われた対象である。出会いは到来であり遭遇であるから、未来のカテゴリーに属する。人は何ものかに出会ったとき新しいものを手に入れるが、それを自己の行為の産物と取り違えるのだ。

それゆえわれわれは、待つということを未来に向けられた人間の希求的行為として理解しよう。待つことは撒き散らしの行為よりも大きい。待つことは精神の集中を要する。撒き散らしが能動であるのにたいして、待つは集中であり、しかも受動である。可能性はむしろ受動性と直結する。人が能動的になることができるのは自己と同一なものに対してのみである。それゆえ能動性は現在のカテゴリーに属する。

待つことを知る

未来は行為によりも待機によりよく結びつく。人は未来を掴まえるために出かけようとするが、錯誤である。未来は来現し到来するものである。われわれはそのような来現を心待ちにして焦がれるのである。さまざまな「待つ」がある。人を待ち、春を待ち、開演を待ち、順番を待ち、助けを待つ。少し考えれば分かることだが、あらゆる未来にたいして人は待つという受動的態度をとっている。待つことを知る人は、用意ということをも心得ている。用意とは心構えができているということである。すでに準備が整い、心がスタンバイしていなければ待つことはできない。待つためには多くの能動を経なければならない。待つことは多大の労働を要するのである。しかもその労働はまだ何の産物をも産みだしはしない。待つことはいわば見えざる水面下の労働であり、それだけに多大のエネルギーを消尽する。ここに「待機の思想」の本領がある。人は到来するものを信じなければ、待つことを為しえない。待つ人には到来するものに対する深い信頼がある。そこにはほとんど信仰に匹敵する態度がある。たしかに待つ人は一つの信仰をもっているのだ。

アウグスティヌスは「時間とは精神そのものの延長である」と述べた。至言であり、時間の本質を言い当てている。そして、このことはとりわけ未来によく当てはまる。未来は現在の延長ではなく、精神の延長である。そしてこの延長を精神の側からとらえたとき、待つという態度こそもっともふさわしいものであろう。待つことは精神が未来に向けて自己を投射することだからである。人はいつも何かを待っている——そのとき人の心は開かれている。おのれの未来可能性をおのれの我意によって塞がず、自己と未来とのあいだを開放しているのである。待つとは、現在の自己を空しくしてひたすら未来の一事におのれを解き放つことなのである。ところが人は待ちきれないで、しばらく待つそぶりを示したかと思うとすぐに可能性の扉を閉ざして、現在の喧噪のなかに身を翻す。人生において待つことほど忍耐の必要なことが他にあるだろうか（およそ耐えることは待つことである）。しかし、この待つことにはより大きな喜びが含まれているのである。そこには期するという態度、望みつつ決心するという覚悟があり、未来に向けられた精神の炉心が輝き出ているであろう。

注視

待つことに繋がり一体となるものが注視あるいは注意である。注視とは対象をまざまざと見つめること視線を注ぐことである。S・ヴェーユはこの「注視」という精神の営みに注目するが、それは彼女が、立ちどまり、じっと見つめ、おのれを空しくしてひたすら耐えることによって、そこから表れ出るものをひたすら待つということに人間の真実を見出したからである。注視においての人は心を純粋に保つことができる。注視の反対は無視である。無視するものは待つことをせず、容易で幻惑的なものに心を委ねてしまう。ここからは利己的な利益が出てくることがあろうが、真実なものは見失われ、おのれの心は透析を受けることなく混濁していくだろう。注視は魂の努力を必要とする、と彼女はいう。それは困難な努力を伴うのである。

われわれの魂には、肉が疲労を嫌うよりも、ずっとはげしく本当の注意［注視］を嫌う何ものかがある。この何ものかは肉よりもずっと悪に近い。それだからこそ、人は本当の注意をするたびごとに、自分の中の悪を破壊する。

（『神を待ち望む』、著作集第4巻、春秋社、七六頁）

注視は待つことのなかでもとりわけ専心的な集中を必要とする。見つめるということはたんに対象をしっかりと観察するということに止まらない。人は見つめるとき、対象の内部に入り込もうとするだけでなく、その対象を突き抜けてそれが被ろうとしている運命までをも捉えたいと願うものである。注視は全精神を対象の運命に賭けることであり、そのことによって自己を消去しさることである。

注視は芸術的な行為であり、美の発見につながる。美とは対象を純粋に見つめ、それを感性的に受容することによって生じるからである。いわば美は注視の見返りなのだ。美は感受によって表れるから現在的であり瞬間的であるが、その現在性は他のいかなる現在とも性質を異にしている。美は現在のなかにあって事物の利害に巻き込まれない。美が諸関係の澱みから超越することができるのは、泥沼に蓮が咲くようなものである。注視によって美は誕生し、注視が蓮の花を咲かせる——。

希望、期待、祈念

もう一つの同伴者は、希望、期待、祈念という未来に向けられた願望的態度である。それらが精神のもっとも純粋で自然な態度であることはいうまでもない。それらに作為はない。未来は人間に作為を求めるのではなく、純粋を求める。希望されるものは必ず「よりよきもの」である。未来が「よりよきもの」であること、このことが心を純化する力を持つのだ。このこと以上に人の心を感銘させるものが他にあるであろうか。

E・ブロッホは、「あらゆる人間の生活には、すみずみまで昼の夢 Tagtraum が浸透している」（『希望の原理』第1巻、一九五九年、山下肇他訳、白水社、一八頁）という。彼は、希望とは未来への人間の根源的衝迫であり、ユートピア願望であり、現在の苦悩の救済原理であるという。それは、「先取りする意識」、「未だ意識されないものの発見と取り違えようのない明記」（一八頁）である。

> 未だ成らざる可能性にたいする、期待、希望、志向――それは人間の意識の基本的特徴であるばかりでなく、具体的に整理して把握すれば、客観的現実総体の内部でのひとつの根本規定なのである。
>
> （『希望の原理』第1巻、二二二頁）

筆者はかつて希望について文章を著しているので（『精神の描きかた』、青木書店、一六五頁以降）、ここでは補足的な論点についてのみ触れておこう。その一つは、希望はけっして「自由意志」ではないということである。希望は願望であるが、この願望は欲望ではなく、むしろ「焦がれ」というべきものである。向かうのではなく、引き寄せられるのである。カントがいみじくも語ったように、希望することができるのではなく、希望することが許されるのである。彼は「人間への問い」の一つにおいて、「私は何を希望することが許されるか」を挙げている。またアウグスティヌスがいうように、信仰と希望と愛とは精神の三位一体を顕しており、希望は愛と一体であり、信仰に結びついている。

二点目は、希望は所有に関わるのではなく、方向の希求だという点である。人は所有を希望するというが、その場合本当は欲望するということを主張している。希望とはいわば無限の彼方の光源に吸い込まれてゆくようなものなのだ。未来は希望されるものであるが、それは未来が「どこへWohin ?」という言葉によって言い表されることと同根である。希望はまなざしであり視線的なのである。

三点目は、希望を持つ人はその対象に集中し、心で注視しているという事実である。未来を希望する人間は、漫然と彼方を眺めているのではなく、唯一の対象を眼前に据え、その対象に専心する。希望が進む通路は徹底して個別的である。注視と希望とは共通的であり、未来に向かう態度と心意を表している。そしてこれらによって人間の未来受容は成り立っている。

3　能動的未来論のアポリア

このような未来への受容的態度にたいして、圧倒的に影響力をもつ考え方が能動的未来形成論である。例えばヘーゲルは精神の弁証法的な自己展開と自己形成とを圧倒的スケールで描きあげる。ヘーゲルにとって、精神とは自己を低次の未展開な状態から普遍的で全体的な力へと押し進めるために、現実との交渉という旅を続けるものである。彼のこの立場は、現実と現在を自己展開の場として肯定し、未来をその形成と実現の場として謳歌する精神の能動的リアリズムを表している。

理性的なもの（精神）は、おのれの現実性のうちにありながら同時に外的な現存在のなかへ踏み入ることによって、無限に豊富なもろもろの形式、現象、形態化されたあり方において出現し、多彩な外皮でおのれの核心をつつむ。

（『法の哲学』、藤野・赤沢訳、世界の名著、一七〇頁）

ヘーゲルにとって精神は自己完成（絶対精神）にまで至るもの、内在的な自己形成力を持つ主体である。彼は精神のこの成熟を「発酵」になぞらえている。「もろもろの精神のかかる国と

いう杯よりのみ　絶対精神に泡立つは　その無限」(『精神現象学』下巻、金子武蔵訳、岩波書店、一一六五―六頁)。発酵とは自らが自己完成に向かって限りなく熟していくことをいう。彼は、精神とは時間の経験のなかで自ら脱皮を繰り返し、しだいに高次の形態に熟成していく自己克服的存在だと考えているのである。ここには能動性と活動性の倫理がある。たしかに彼はこの自己形成が苦難の道(彼は精神の形成過程を「否定の道」と名づけている)であることを見据えているが、しかしこの苦難は能動的苦難である。自ら対象に立ち向かい(対象化)、その対象性を自己の内に取り入れ(対象性剥奪)、自己形成の糧とすること、対象を「我がものとする獲得 Aneignung」が精神の歩みである。人間精神を積極的に捉えようとする思惟投入はここに極まるであろう。しかしこのような理性的主体の思想はむしろ精神の現在性を謳歌するものであり、待機の思想とは異なる。

ハイデガー

ハイデガーはほとんど攻撃的な未来突進論を繰りひろげる。彼は人間の実存が未来に賭ける精神の自己投企にあると理解し、その未来への態度を了解 Verstehen としてとらえる。了解とはおのれの存在可能性を肯定することであり、しかも未来における自己の終極(すなわち死)をも洞察してしまう働きである。「了解とは、現存在がそのつどそれを主旨として実存している存在可能へ向かって、投企的に存在している、ということである」(『存在と時間』下巻、細谷貞夫他訳、理想社、一七八頁）。どのようにしてかは分からないが、了解はともかく未来をつかみとってしまうのである。了解をした人間は右顧左眄することがない。彼の眼中には掴んだそのことを行動に移すことしか見えていないであろう。しかもそのような了解は自己を日常的な場から脱出させるであろう（脱自）。そこには現存在（自己）が実存（本来的な全体存在――すなわち死への投企）へと自ら決意していること（決意性 Entschlossenheit）が前提として認められなければならない。

ハイデガーの主張する脱自の思想はまことに勇壮である。脱自者は自己を空しくするどころではない。彼の胸中には戦への覚悟に満ちあふれた進軍のトランペットが鳴り響いていることであろう。そのような了解をえた人間はたしかに先駆する vorlaufen。彼にとって未来とは「おのれをおのれ自身に来たらせる」ことに他ならない。そして未来が真にそのようなものであるなら、われわれもまた先駆けて未来に赴き、先回りをして未来を自己のところに連れて来るほどの勢いを持たなければならないであろう。

ハイデガーはこの決意された時の到来を「時熟 Zeitigung」と名づける。時熟という彼一流の言葉はたしかに魅力的である。彼によれば時間は機械的に（等根源的に）流れ行くものではない。むしろ時間の第一の性格は「向かうこと」と「やって来ること（将に来ること）」にある。われわれは時間に対して「向かう」という姿勢で臨むが、時間は「将来する」というという姿で立ち現れる。「将来」ということは時が熟してその機に及ぶということである。時間は「根源的本来的将来」だと彼はいう。確かに未来のその時はしかるべきときにしかるべき仕方でやってくるであろう。そのかぎり、われわれはこの「根源性」にたいして自ら了解し、「脱自」しなければならないであろう。そしてこの根源的時熟とは、ハイデガーにおいては自己の全体存在の将来、すなわち死なのである。

われわれは根源的な到来に立ち向かわなければならない。しかしこの「立ち向かい」は彼が考えたような決死的な、戦闘的な立ち向かいではない。なるほど人生においては決死的覚悟をしなければならないときもあろう。核戦争の勃発の時もあれば、プロポーズに胸を高鳴らせる日も来るかもしれない。医師に余命の告知を受けるかもしれない。しかし時間の本領はそのような目覚ましさにあるのではない。時間はすべての人のすべての営みとすべての想いのなかを静かに流れるのである。ここに時間のより真実の意味がある。彼の決意性の思想は草を食む乳牛を闘牛に変えようとするようなものだ。それゆえわれわれは彼のこの言葉の後についていくわけにはいかない。われわれは「成就」という、より土着的で自然的な言葉を選びたいと思う。

4　未来不可能論――レヴィナス

これらの能動的未来論にたいしてレヴィナスは逆の立場――絶対的未来不可能論――をとる。この思想は一見突拍子もないように見えるが、深刻なポイントをついている。彼によれば未来は、熟成するものでも到来するものでもない。未来はわれわれの世界に属さない。未来は、死とともに、むしろ不可能性に属するのである。未来と死とは人間にとって絶対的他者（彼岸）であり、窺い知ることのできないものである。未来は未来であるかぎり決して到来することはない。到来するものはまさに到来するということによって現在に属している。人間にとって死と未来とは絶対に自己と同化することができないものである。それらは人間に接近してくるものではなく、どこまでも絶対的な他者に留まる。畢竟、人間は未来と死を経験することができないのだ。このことを死の場合で考えてみよう。人は生きているかぎり死を経験できない。死については何も知らず、死を飛び越すことができない。人間のもとに死はやって来ることなく、死のところには人間はいない。それゆえ死は未来（不来）であり、不可能である。人間にできる精々のことは、死に直面して、この未知なるものに縛りつけられ押し込められ、後退することも抵抗することもできないという事実を突きつけられて、「最高度の受諾」の重さに耐えかねて、嗚咽という「極度の免責」に、幼児のような無垢に立ち戻ることだけである。

人間にとって可能性は現在のみだという。自己とは現在であり、「現在は自己から到来する何ものかである」（『時間と他者』、二三頁）。現在とは「我」である。しかし現在は未来につながるのではなく、たえず消え去って行くばかりである。われわれはそこにおいてのみ自己でありえるような隔絶した現在の家に住んでいる、というのである。未来と死は開かれた空間であり、そこに到ることができれば人間は解放されるかもしれないが、到達不能なのである。生きることは苦悩であると彼はいう。それは人間が生へと、そして存在へと追いやられており、そこから逃げ出したり後ずさりすることが不可能だからである（五六頁）。人間の生には苦悩が流れているが、この苦悩とは人間には出口がなく、死と未来へと解放されることができないという類のものである。

未来とは、捉えられないもの、われわれに不意に襲いかかり、われわれを捕えるものなのである。未来とは他者なのだ。未来との関係、それは他者との関係そのものである（六七頁）。

時間における他者

未来は他者である。他者とは主体である自己を超えたものに他ならないが、他であることは絶対的に新しいということであり、自己によるいかなる手立てをも拒絶することである。他者は自己のすぐ傍らにありながら、連絡することも一体となることも不可能な絶対的存在である（これほど厳しい他者論が他にあるだろうか）。人間は物事を創造することができる――しかし人間の創造はその実、更新程度であり、その先には侵入不可能な神秘が広がっている。現在と未来の断絶は主体的自己と不可侵領域との断絶なのである。このような意味で、「時間はまさに主体と他者との関係そのものである」（三一頁）。そして時間における他者とは未来のことなのである。

未来に向かいながらなす術をもたず、不可能を宣告されることが人間の苦悩である。苦悩とは存在に直接さらされているという退路なき生存状況であり、「無の不可能性」である（五五頁）。人間は可能性の世界に前進することができない、存在に「縛り付けられ、押し込められており、いわば受け身の状態に陥っている」（五八頁）。――レヴィナスの思想には深い苦悩と諦念がある。彼の哲学は他者との連絡可能性の遮断という凍結した世界を描き出すが、われわれはここから、もし他者への通路が可能であり、未来への接続方法が見つかるならば、それが人間にとって最大の救いになることをかえって自覚させられるのである。

5　持ち分と花の思想

われわれは未来可能性を考える前に、われとわが身に未来への橋を渡る心構えがあるのかを問うてみよう。そのような問いを考えるのは、近年夙にレヴィナス張りの未来不可能を自覚する若者が増えているからである。

人は運命に対して半信半疑の姿勢で構えている。未来に対して定見が持てないからである。自分の境遇を半ば運命的なものと割り切っておきながら、これからのことになると何とかなるとも何ともならないとも一向に定かではなく、むしろ考えても埒が行かないので考えることを放棄しているという有り様である。彼らは考えても仕方がないという。そのとおり、尤もそれは他者にたいしてである。レヴィナスが証明したとおり、他者に当方の思惑を引き受ける回路を期待することは誤りであろう。しかし自己に対しては仕方があるのである。自己とは私が立たなければ立たないものである。私は他者に侵入できない代わりに、他者は私のなかに侵入することができない。私はなぜ生れ、成長し、今ここにいるのか。このことを人は不可解だという。客観的に説明しようとするから不可解なのである。この問いは説明を求める問いではないのだ。自らの胸中に耳を傾けて納得できるか否かの問いなのである。私のなかに他の誰のものでもない「持ち分」があるのか、私が存在するのは本当に私の持ち分によるのか、このことに肯定的に答えることができるかどうかという問いなのである。そして肯定できる人は橋を渡ろうとするであろう。

レヴィナスにたいしては、未来は他者なのではない、さりとて自己の現在でもない、と応えよう。未来は他在ではない。それは「未在」、否むしろそういってよければ「彼在」なのである。未来は現実の自己のもとにはない。しかし、もう一つの自己――橋の向こうの自己には可能なのである。未来は他者的ではなく、自己的である。それは私には私の持ち分があり、私にのみ与えられた役割があるからである。持ち分はもちろん未来のための力である。

橋の向こうの私と現実の私とが繋がることができるためには、橋を渡ることを可能にする何かがなければならない。私は自力で橋を渡ることができるだろうか。否である。しかし他者が橋を渡らせるのでもない。それでは何が橋を渡ることを可能にするのか。私のなかの、或る秘められた力が私に橋を渡らせるのである。プラトンならそれを「分有」（イデアを分け持つこと）と名づけたであろう。しかしプラトンの分有は過去に向かっている。それゆえ彼は人間の精神的資質を「想起 anamnesis」（分有への立ち返り）と表現したのである。われわれはこの分有を未来へと転換させよう。そしてそれを持ち分と呼びかえよう。

分有の内容は人が生来持っていながら忘却している真実なもの（イデア的なもの）であった。これに対して、持ち分とは生まれながらに持っていながらまだ気づかれていないおのれの可能性のことをいう。人はそれを素質とか能力と呼ぶだろう。しかしそれを力能的なものと考えるのは正しくない。力能は分別的な意志作用と一体であり、現在を拡張させるものである。むしろ持ち分はこの世界における私の役割、あるいは「天命」のようなものであり、私のなかにプログラム化されている精神的DNAである。私には持って生まれたプログラムがある。私はこのプログラムにしたがって歩むばかりである。そしてこのような歩みが橋を渡ることなのである。

たとえば私には私に固有の生活空間がある。いかなる人もこの空間のなかに入ることができない。私がそのなかで生きる私の生活空間は私の持ち分である。しかし私はこの空間を意志的能動的に作り上げたのではない（当人がいかにそう思っていようとも）。蟻が大きな蟻塚を作り上げるように、私もまた「宿命的に」私の生活空間を作り上げてしまったのである。私の生きる時間、生涯（lifetime）という時間はよりいっそう私の固有の持ち分である。誰もこれを取り替えることができない。このライフタイムを生きるのは私であるが、私がそれを作り出すのではない。そして未来はこのライフタイムのなかに繰り込まれているのである。未来とは私の内にある未だ歩んだことがなく、そしていつかは歩まなければならない私のライフタイムである。私には自己のライフタイムを辿るという役割があり、その役割を引き受けつつ私は生きている。

持ち分は運命でもある。運命は人知をこえるが外在的なものではない。超越的ではあるが、運命を招くのは他ならぬ私自身なのである。むしろ人間には運命を呼び寄せる力が内在しているというべきである。あるアニメのイメージを借りるなら、私の運命とは私のライフタイムに敷かれたレールのようなものであり、私はたしかにこのレールの上を進むのである。しかしこのレールは水面下に隠れている。走っているあいだは、私は自由に水面を走っていると思っている。とある駅に着いて振り返ったとき、はじめて私はレールの上を走っていたことを理解するのである。

人にはもって生まれた何ものかがあり、それが人生の進展のなかで彼の役割として現れるのである。持ち分はたんなる素質ではない。持ち分とは分与であるが、たんなる取り分でもない。それはむしろ私の時間であり、いわば現在から未来へと敷設されたレールの上を走る私の乗り物であり、私だけがそのなかに乗り込むことができるのである。それは可能性の占有権であり、可能性を現在に先立って自己のなかに内在させることのできる特権である。

花の思想

万物にはそれぞれの持ち分がある。このことを世阿弥は「花の思想」をによって見事に表わした。持ち分は「花」だからである。花とは内に秘められた力が表れ出でて美となることである。ある存在の持ち分とはそのものの花に他ならない。草木はその存在を花において示すことによって輝く。草木には「花」の持分がある。早春、草木にはまだ花はないが、花の準備がある。春の進みとともに草木は蕾をふくらませ、花を開かせ、そして実を結ぶ。これが草木の持ち分であり、誇りである。そういってよければ草木にも矜持ということがあるのだ。木々はそれぞれ大地にしっかりと根を下ろし、胸を張って枝をひろげる。花はそれぞれ役割を受け取り、生を謳歌し、四周の大気に向かって咲き開くのである。

能作者たちはこのことをよく知っていた。尾張の杜若はその艶やかな姿を歌に詠まれたことに意を感じ、詠み人の業平に恋をした。都、西山の桜は西行に「花見んと　群れつつ人の来るのみぞ　あたら桜の　咎にはありける」と詠まれて、無念晴れやらず身の咎なきを訴えた。女郎花は女郎のあわれの再来であるという。草木に霊性を見ることには無論法華経の影響があるが、しかし世阿弥が注目するのは花という無上の優美がいかにして生まれるのかという問題である。彼は、花を表すことができるという草木の勢位のうちに、生における美的な可能性の極みを認めたのである。彼の「花の哲学」は人間の精神における至上の可能性がどのようなものかということを教えている。

世阿弥は「時分の花」（人生の段階に対応する美）、「まことの花」、「初心の花」、「因果の花」、「性花（しょうか）」（天性の美）、「用花」（習得された美）等々という表現を好んで用いている。存在者そのものの内実がそれぞれの仕方で表れ出ること（咲くこと）を花と呼んであるのである。花は種より出で、種に帰る。「花を知らんと思わば、まず種を知るべし」、「花は心、種は態（わざ）」。

花の美はたんに咲き誇ることにあるのではない。彼は「花の公案」ということを語っている。花は時と処を得て咲くのでなければならない。「四季折節の時の花」が花の面目であり、「巌に咲く花」や「老い木に咲く花」は花の上果である。また、花とは見るものの眼に「面白し」と映ることでなければならない。「心より心に伝る花」、「人々心々（にんにんこころごころ）の花」が花の真価であり、世上万徳の妙花なのである。花は表れ出た外見によって評価されるべきではない。むしろ隠された内実に本当の花が咲くのである。内に秘めること、容易に表れない本領を抱き包むことは咲き出すよりさらに上である。「秘すれば花なり、秘せずは花なるべからず。」

われわれはこの秘められた花に持ち分の真の意味を感得することができるであろう。人は花を目指し、花に美を求める。花とは人間の希望なのである。花の美は咲きいでたその姿にあるのではない。咲くことのできるその内在的な働き、胎児を育む妊婦の安らぎのうちにわれわれは花の真髄を見るのである。「花を悟り、奥義を極むる」ことは芸術に限られない。あらゆる人間の営みは、「花の公案」なしでは愛でられることもなく、色あせてしまうであろう。

持ち分と分限的自己

人にはそれぞれの持ち分がある。持ち分はいま発揮されるのではない。持ち分とは現在を可能性へと繋げるものである。豊かな持ち分を持つものは悠久の未来を持つことができる。中期的持ち分しか持たないものは中期的未来をしか持たない。持ち分は自己可能性であるとともに自己限定でもあるのだ。持ち分の限界が可能性の果てるところである。たしかに小さな可能性はすぐに限界に行き当たる。しかし、持ち分にとって限界は固定的なものではない。持ち分は先天的なものでもなければ定量でもない。持ち分は遺伝によって与えられたものでもなければ、獲得形質でもない。その生き方の全体的な構え、実質、役割、他者との関係、意志、嗜好、教養、態度など、要するにその「人となり」そのものが彼の持ち分である。アリストテレスならそのようなものを「習性 ethos」と名づけるだろうが、この言葉は目に見える獲得形質をいうものであり、持ち分よりも狭い。持ち分は習性にたいしてその「目に見えぬ背景」をなしている。自己的であるとともに運命的なもの、獲得的であるとともに所与的なもの、自分作りであるが性《さが》によって拘束されるもの、そのようなものが確かに人間の行く末を導いており、彼の可能性を枠づけている。

それは持ち分というよりは、「自―分」と呼んだ方がふさわしいかもしれない。もとより、人にはそれぞれに「身―分」というものがある（封建的身分の意味ではない）。ここでいう身分とは、身の分限の意味であり、現実社会のなかでわが身がはたす役割をいう。同様に「自―分」という言葉そのものがおのれの存在意味と生きる役割を言い表している。この「分」は分限であり、交代不能な私の持ち分である。自分とはそのような分限的自己のことを言い表している。私は自分の「分」に気づき、受けとめたとき、未来へと懸かる橋を渡り始めるのである。

この分限はたしかに自己を包む膜でしかないかも知れない。分限は運命的なものではあるが、歩みを進めるものには新たな分限が訪れてくるものである。たえざる努力（稽古）をするものは、この膜を拡げることができる。そして膜の向こう側にはさらに次の可能性が広がっている。ところが多くの人は、持ち分ではなく、「取り分」のことを心にかける。何がもらえるか、どんな「得」

があるか、どれほど占有できるか、誰にしたがうか（誰にへつらうか）、どこまで権勢を誇れるか、欲しいものは手に入ったか、これらが取り分を求める醜く、穢らわしい心である。持ち分は表出的で照射的な性格をもつが、取り分は欲望的で吸引的な、とりもちのような粘着力である。持ち分は未来的であるが、取り分は現在的である。私は何を取るかではなく、私は何を放つかとという問いかけが持ち分の働き方なのである。そして何よりも、われわれは人生という一定量の時間をもっている。持ち分とはこの時間のなかに自己を注ぎ込んでいく際の原液のようなものであり、この時間がどのように個性化され配分されるかを決定する錘《おもり》なのである。

6　成り行き——丸山の日本的時間論

丸山真男は『歴史意識の「古層」』において、日本的時間意識の「古層」を記紀に表れた「成る」に求めている。（『丸山真男集』第10巻、岩波書店）彼は、日本人の発想には空虚な観念の弄びを嫌う「みずみずしさ」と所与の現実に追随する陳腐な卑屈さという特徴があるといい、そのような意識の基底に、「日本の歴史意識の古層をなし、しかもその後の歴史の展開を通じて執拗な持続低音《バッソ・オスティナート》としてひびきつづけて来た思考様式」（四五頁）が働いているという。そしてそれが、記紀から抽出される「三つの原基的な範疇」、すなわち「なる」と「つぎ」と「いきほひ」という時間を表す言葉によって説明することができるという。

彼によれば、世界の宇宙創生神話には三つの基本動詞、「つくる」と「うむ」と「なる」がその発想の基底に流れている。そのうち「つくる」と「なる」とが対極的であり、「うむ」はそれらの中間にあるという。つまり作る型の神話と成る型のそれがあるというわけである。そして日本神話は「なる」の発想の磁極が強く、「うむ」を「なる」の方向にひきこむ傾向があるという(七頁以降)。日本の天地創造は神が作ったものではなく、おのずと生まれ成ったというのである。記紀の創生論の世界には、永遠不変なものも無へと運命づけられたものもなく、すべてはまさに不断に「成り成」る世界である。それは有機物がおのずから発芽し、萌えあがり、増殖するさま、草木の「なりゆく」勢いと共通のものだという。「なる」は生・成・変・化・為・産・実などを含んでおり、時間の前進的な進み行きを表している。神もまた「成神」であり、永遠性も普遍性ももたない。すべては「なりゆく」のであり、「なりまかり」(=なりまかせ)である。ものごとは、「作る」という他動詞的創造観によってではなく、自然に成り行く、ある人知を超えた力に運ばれて漸進的に変化するのだという捉え方が日本の歴史的流れに見られるというのである。この自然の推進力は記紀において「産巣毘《むすび》・産霊」(万物を産みだす創造的な神)と呼ばれる。ところで基底意識の他の二つ、「つぎ」と「いきほひ」はこの「なる」の展開である。それらは、「なる」が「次ぎ次ぎ」と「継」ないし「系」をなして進むことが時間、歴史の流れであり、その進行が「いきほひ」(=時勢)をなしているということを表す。「いきほひ」は生成のエネルギーであり、産霊によって励起させられることである。日本には初発の勢いを楽天的に頼むところがあると丸山は見る。こうして「つぎつぎになりゆくいきほひ」(四五頁)が日本的時間意識を作り上げてきたと彼は読み解く。

このような時間意識は、未来についても特有の日本的形態を作り出す。未来とはまさに、過去からのエネルギーを満載した「いま」の、「いま」からの「初発」にほかならない。未来のユートピアが歴史に目標と意味を与えるのでもなければ、はるかなる過去が歴史の規範となるわけでもない(五五頁)。未来とは初発、すなわち発進であり、進み行くとはしても、定めのない次々にすぎない。「なりゆく」ものとしての現在は、次の「いま」の到来によって時々刻々に繰り入れられるので、「いま」の肯定なり享受なりは、たえず次の瞬間——遠い未来でなく——を迎え入れようとする一種不安定な心構えとして現れざるをえない(五九—六〇頁)。

われわれは、日本的時間意識に丸山のいうような記紀的な要素があることをとりあえず認めておこう。それは日本人に特有の「無定形性」と「漸進性」をよく言い表しているからである。そしてこの時間意識が世阿弥において大輪の花を咲かせたことを次に見よう。

7　序破急成就——世阿弥

いまわれわれの未来論が興味を持つのは、世阿弥が「序破急成就」を美の達成と捉えており、成就の思想を打ち出していることである。成就とは成り就くこと、落着することである。成就はたんなる「成る」ではない、「成る」の極みなのである。成就は完成とも達成とも作出とも異なる。それは変容の流れのなかから或る一つの成果が生まれ出ることである。世阿弥は、成就の概念を「相応」の概念との関わりから考えようとしている。成就の条件には相応ということがなければならないというのである。相応とはものごとの釣り合いがとれ、即融的であり、各部分が相互に響応しあい、その流れが自然的であることをいう。

一切の事に、相応なくば成就あるべからず。よき本木の能を、上手のしたらんが、しかも出で来たらんを、相応とは申すべし。

（『風姿花伝』、八二頁）

未来（成就）は主観（本木）の能動的行為によって拓かれるのではない、主観のうちに然るべき態勢が整えられることによって拓かれるのだ——と世阿弥は言っているのである。相応はとりわけ主体（シテ）と振舞い（態）との関係に関わっている。

諸芸において、なす態《わざ》の其体に相応する所を以て、成就とするなり。成就是満風也。……歌へば感ありて、舞ば面白は、かねて舞歌の器《うつわもの》を蓄して持ちたる徳にあらずや。

（『遊楽習道風見』、一六二—三頁）

自己とその表現との釣り合いがとれていることが相応であり、この相応があればものごとは成就するのである。しかしこれには条件がある。自己に「器を蓄して持ちたる徳」が、すなわち持ち分が求められるのである。身についた徳ともいうべき持ち分がなければ相応は生まれず、成就はやってこない。彼が稽古を求める所以である。

相応の流れは「風」と呼ばれる。風とは表れであり、風情である。われわれの振舞いには時と処の相応があり、その相応が卑しければ「その様卑し」となり、時と処の相応を得ることができれば「よき風見」となるのである。人の形には風情あるいは「風体」があり、それはその人物がどれほどの器と徳とを持っているかということによるのである。人は幼き風体から大人の風体となり、初心の風体から上手の風体にいたる。「大方の風体から揉み寄せて手数を入れてすべし」。初めは「大方」であり、破にまでいたれば「揉み寄せて手数を入れ」るべきなのである(『風姿花伝』四三頁)。手数を尽くし、よき風を表すことができれば、ものごとは自ずとその成果を得ることができる。よき風体はそれだけで「花」となることができる。いかなる作為(わざとらしさ)も「花」を産むことができない。それゆえ世阿弥は、「その風を得て、心より心に伝る花なれば風姿花伝と名付く」ということができたのである(『風姿花伝』、六九頁)。

序破急成就とは、このように生成の流れに身を投じた人間が自然の不可思議な産出力に恵まれて一つの成果に達することである。それは人間の自己の力によって獲得できるものではないが、自己が相応を受けとめつつ不断の努力をしなければ訪れることが適わないものである。成就は自己にとっては褒美なのである。成就は或る大きな目的行為の結果であるばかりではない。一音一舞に成就があり、一指の動きに成就がある。「見所人の『あっ』と感ずる一音にも成就あり」(『拾玉得花』、一九一頁)。見所が観て「面白き」と感じるところには必ず成就がある。成就とは、仕事の完成ではなく、身についた位が或る達成落着をえていること、そのような達成において成り来たったものが自ずと表れること、「風姿」となって「目前感応」の力を持つことなのである。

稽古とは何か

それゆえ、成就落着とは成るべくして成るということを意味する。それを可能にするものは「稽古」である。稽古は真似びであるから、過去への遡及である。たんなる「つぎつぎ」が成就を産みだすのではない。この点で丸山は、成就における反復的運動をも持続的志操をも見落としている。日本的時間はつぎつぎのみではない。つぎつぎを産みだすもともとがなければ成就は叶わない。破のかずかずを尽くさなければ序破急は成就しない。ものごとがたんなるつぎつぎとして映るのは、外部から見られ、結果から受けとられた時間の様相にすぎない。

シェイクスピアの喜劇に『終りよければすべてよし』がある。彼は人間の愚かな行いをユーモアで包んだのであろうが、愚かな行いのなかにもよきものがなければ「終りよし」というわけにはいかない。成るべくして成るためには、為すことがなければならない。「ともかくやってみましょう」というわけである。ただその為すは作為によって為すのではなく、相応にしたがって為すのでなければならない。もちろん能は稽古なしでは成就はないが、稽古は作為でも能動でもない。稽には考え調べることという意味がある。稽古は、古の物事を考えその理義を明らかにすることであり、転じて学ぶこと、習うこと、学識を身につけることを意味する。とすれば成就とは学んで身についたことが表れるの意をいうわけであり、きわめて当然の事実を示すことばだということになろう。

しかし、われわれはいつも気がつくのが遅すぎる。「成る」の流れは止まらないのに、迂闊に時を過ごす。あるべき成就をつぎつぎに見過ごす。ヘーゲルはこの人間の宿命をミネルヴァの梟に譬えて嘆いた。ミネルヴァの梟は夕闇が迫るころ飛び立つ。しかし、昼に成就を得ようということにそもそも無理があるのかもしれない。夕闇が迫れば成就はもはや間に合わないというわけではない。成就はその風体にあるのだから、老いの成就ということがあり、若者がこれを得ることができないのは当然である。初心が人生のスタートであって、これには老若の差はない。老いの学びということがある。それは青年の学びと同じものが成就されるわけではないが、後手の成就ということもあるのだ。逆に青年期を無為にすごし、初心を忘れた者は成就を取り逃がすであろう。それゆえ、人は時機と役割との相応を見極めなければならない。時分の花を見失うことは自己の置き忘れである。現今の自分の持ち分に心を懸け注視すること、これが初心の謂いであり、ここに成就にいたる道の始まりがある。

星の使命

宿命と使命という言葉はいかにも硬いかもしれない。しかし自己の境遇は宿命であり、役割は使命である。われわれは宿命を拒絶して行為をするのでもなければ、宿命に絶望して行為を止めるのでもない。宿命は自然の大きな流れであり、そこには価値もなければ弊害もない。宿命とはそれを見つめ、学び、受け容れるものだと思う。宿命は自己の他者であるが、他在ではなく、自己に内在する他者なのである。ソクラテスはこのような宿命をダイモーンと呼んだが、彼のダイモーンは倫理的なものに限定されている。しかしわれわれのなかには美的ダイモーンも相応のダイモーンも心のなかに棲んでいるのだ。産霊は産出と促進のダイモーンである。それはソクラテスの闇魔的ダイモーンとは異なるが、美の世界においては産霊が活躍をするのである。現代文明は宿命から目を塞ぎ、人間の能動的開明的な知力によって障害を捌こうとするが、その是非が今日ほど問われている時代はない。一歩間違えば闇魔によって奈落の底に放り投げられるところにまで、人類は悪業を重ねてきたからである。

大地の産出に身を委ね、星の使命にしたがうこと――、そこには道を読み取り、作為を労せず、誠意を抱き、未来におのれを投げ出そうとする崇高さがある。この崇高さは世人から狂気と受け取られるかもしれない。ここにある狂気とは想念の純粋さである。ひたすら想念の衝動にしたがい、行く手を遮るものに意を介しないこと、目隠しをして橋を渡ること、これが狂気である。「君は狂気を引き受けることができるか」、この窮境の問いを突きつけられてわれわれは瞬きをし、そして怯む。

能に狂女物があるが、親子の愛に狂い、恋人との別離に狂い、夫の不義に狂うのである。能作者は狂女の狂いのなかに、一途に想念されたおのれの使命を辿るその姿に理不尽なまでの崇高さを読み取り、そこに美をとらえたのであろう。そして狂気の理由を知っているわれわれは狂女の思いが成就することを願うのである。素面を生きるものは作為しようとするが、狂気を生きるものはひたすら宿命にしたがって生きる。そして超越的な力に導かれ、親子再会となり、その狂気を成就させる。オフィーリアも菟名日処女《うないおとめ》も水面に儚い命を絶つが、このような成就もあることを悲劇作者は訴える。願いも命も絶たれ、入れ替りに美がやってくる、ここに悲劇の真の意味があるのだ。

8　成就と時分

成就への道は「待つ」ことにあった。作為や欲望的行動によって得られるものは成就ではなく、構成であり、捏造である。人はなぜ作為をするのか。待つことができないからである。われわれは、日本的な時間観念を「成り行くこと」に見てきたが、このことはなにも日本的発想の専売特許ではない。時間の本質に生成と変容とがあり、日本人は時間のこの性格を尊重し、「成り行く」

と言い表してきたのである。日本的な情感の鋭さが時間の推移に「もののあはれ」を察知してきたのである。もちろん、西洋的な時間意識に生成と変容がないわけではない。西洋的論理は何も作為と構成ばかりではない。むしろ、西洋的感性においても変容や受動感情は重要な概念であるが、それがロゴス的構成の図式と切り離されることがないのが特徴なのである。変容的時間とロゴス的構成の時間とは、むしろ人間の態度における二つの根本的な「基底」である。能動の思想は西洋において優勢であるが、一つの極にすぎない。待つこと、成り行くことを他律あるいは消極的態度としか見なさないのは、むしろ近代的な人間中心主義の態度、現代に蔓延る不寛容の心なのである。待つことには最大の精神的エネルギーが必要であり、成り行くためには人間の営為の限りない蓄積が必要であることことを現代人は知らないのである。

うねりに身を委ねる

待つとは到来を待つことである。到来は自己を超えたことがらであり、人は到来にたいして何一つなすことができない。しかし手をこまねいてじっとしていることが待つことではない。むしろ待つという大きな受動のなかで、人間はさまざまな能動を行うことができるのである。人間の能動はつねに小さい。しかし待つことの受動は絶対的に大きく、能動の総和よりも大きい。というのは、食事を待つとか約束を待つというのはいわば待つという大きな身体の一つの細胞、海の波の一うねりのようなものだからである。真に待つことは未来そのものを待つというほどに大きい。それでは巨大な身体あるいは海とも言うべき未来とは何か。それが真なるもの、人が生涯をかけて模索をしたいと思うもの、つまり自己の成就でなければ他の何であろうか。われわれは生まれ出た以上、生涯をかけて待ち望む「これでよい」を心の底に持っている。その表れを理想と呼んでも構わないが、理想の根底には目に見えない「生きることの最終意味」がある。われわれはこの「最終意味」を待ち、希求して、人生のあらゆる営為を送るのである。

能動と受動という考え方は特定の主観的見地からなされるものにすぎない。たしかにそこには西洋的合理の明快さがある。しかし人間の営みの実態からみれば、作為と変容（生成）、構成と成就の対比の方がより根本的であろう。後者が人間の時間的性格をより具体的に言い表しているからである。また人間の行為はその真の姿においては、能動にも受動にも、自力にも他力にも分けられない。その見極めは相応と不相応であり、有るべきものごとの流れに即融しているか否かにある。世界には大きなうねりがあり、そのうねりに人間の生成のうねりが相応していることを、われわれは知らなければならない。

このようなうねりに身を合わせることを老子は「無為自然」ととらえた。この言葉は成就の意味をよく表している。彼の眼差しは一貫して生成と変容のうねりに向けられており、作為の愚かさを徹底して見下す見識を備えている。荘子は無為をほとんど遊境と同一視しているが、この視線は同時に政治的社会からの離反という態度と一体である（因みに、中国と日本の思想において はまなざしの主軸はいつも政治的社会に向けられている。思想が国家社会から離れることがないのである)。無為の遊域は君臣の道という対立者を持っている。それゆえわれわれは、この東洋的対立者を切り離して眺めれば、無為自然のこの思想をわれわれの時間論に取り入れることができる。それでは待つという営為の緊迫と老荘的遊境の安心とはどのように結びつくのか。そこには共に人知を超えた大きな流れを見据えそれに身を委ねるという共通の態度が見られるのである。運命に向かって手を差しのばして受けとめようとすれば「待つ」の態度となり、肘枕をついて運命の上に横たわれば遊境となるであろう。これら二つの態度はむしろ近しいものだ。

時の到来

時間には密度がある。時間は等質に流れるのではない。滝の時間があれば、早瀬の時間もあり、よどみの時間もまたある。われわれの生活は、事がうまく運び調子もよく、自ら満足をおぼえ、幸福に充たされることがある。しかしそのような時はむしろ稀であろう。大方の生活ではたいてい何か不具合があり空回りや逆流ばかりが起きるものだ。どうもやる気が出ない、どうしようもない、やればやるほどまずくなる、自分で何をやっているのか分からないということがある。「そのとき」がまもなくやってくるのに何もできていないという焦燥がわが身を苛む。これは何をいうのだろうか。相応が崩れているのである。しかも自己と対処との相応ではなく、自己と時間との相応が崩れているのである。自己が流れ来る時間に相応せず、そのために自己の周りで時間が乱気流を起こしているのだ。そのような時われわれは橋を渡るべきでない。

時間には顔があり、目鼻立ちがある。時間は表情を持っている。序破急の感応とはこの目鼻立ちの美しさに触れることをいうのであろう。期待の静謐の時、懸かりの緊迫の時、ゆっくりとした登場の時、一挙に回転する激動の時——時どきはくっきりとしたあるいは定かならぬ相貌の違いをもって訪れる。流すものと流れるものが相応しあって一筋の川の流れを描き出す。

世阿弥は「時分」という考え方を示した。人はその時どきに合わせて自らの持ち分を表すことができる。「花」とは時の相応以外の何であろうか。分相応であればその表現は「時分の花」となることができる。そして時がすぎれば、時分の花も失われていく。若さの美は時分の花である。それは人の力によるのではなく、時の力による。ニーチェは、時間がそれぞれに決定的な意味と相貌を持つことを洞察した。曙光の時は岩角に立って圏谷を見下ろす時であり、正午は、太陽が南にあり、午前の上り坂が下りに転じる時、すべての存在が太陽の高みの光を受けるとき、深夜はすべての存在が大地に沈み、その胸襟を閉ざす時である。夕べの祈りということがある。一日の労働が終り、陽が中空に最後の明るみを残すころ、人は古来より祈りを捧げてきたのである。入相の鐘は夕暮に響かなければ意味がない。ドイツ語には Hochzeit という魅力的な言葉がある。結婚を意味するこの言葉は直訳すれば「高揚の時」、「大いなる時」である。この言葉は人生の高みが時間の高みと同じであることを奇しくも語っている。時の到来は直線を描くのでもなく、サインカーブを繰り返すのでもない。それぞれの到来は一回限りである。到来は質的な出来事であり、思わぬ相貌を持つものであり、人はその到来に直面したとき遭遇の不思議さに心を動かされないではいないのである。

時間の到来の仕方は風の塊のようなものである。普段は静かな流れと感じられる風も、嵐の烈風はまさしく波打つ塊であり、大地にしがみつけなかったものを吹き飛ばして去っていく。固まりの風は巨大な衝撃力を持つ。去った後には周りの様子を一変させることがある。自然の諸存在は全体としては生態的円環の巡りをなし、平穏と予兆と襲撃と終息という生起の流れをたどる。この万物の動きの底にあり万物を走らせるものが時間である。時間は存在の基底的な原理であり、ものごとを生み出し、発動させ、育成させ、激動させ、衰弱させ、そして無に還らせる原理である。

何かが終わり、何かが始まる

ものごとには、始まりと中程と終りがあるが、終りが目指されるものであり、絶対的である。いかなるものも終りに向かって進まないということはありえない。アウグスティヌスは時間の進みを歌うという行為に譬えた。歌うとは或る基底的なものに（楽譜ではない）声を合わせて進む行為である。半ほどを歌っているときにその声を引っ張っていくものは終りである。終りに近づくにしたがって「残り」は減少し、終りに至れば「残り」は消滅する。彼は、ものごとの動きはこのように終り、すなわち成就に向かって、残余という未来を前方にもち、その残余を消尽していく過程であることを主張しようとしたのであろう。

終りのそのときが成就である。そしていかなる今も一つの終わりであり、そこには成就が含まれている。何の成就をも持たない今はない。今は何かが終り何かが始まるその瞬間の現今である。その都度休みなく何かが成就していくのであり、その都度の今は「一音」の成就なのである。われわれはむしろ時間とは今というその瞬時において始まりであり、半ばであり、終りであると言おう。とすれば成就とは中間的成就であり、端緒でもあるのだ。成就は到達の祝福であるが、同時に始まりの責めでもある。成就は一方的な終りではない、訪問には退去があり、登頂には下山の道が待っている。その意味では、成就はいつも半ばである。鐘を打つことは一つの成就だが、打てば響きの余韻が始まる。もう一つの序破急の始まりである。

終末とは何かという問題には無限の深みがある。人は最期をどう迎えるのか、最期は本当に途絶なのか、死は人生の成就か、死において終らないものはあるか、死は帰郷の始まりではないのかという問いの積み重ねがある。終るものと終らぬものの交差を成就の問題は教えるであろう。露の成就は消えていくことにあるが、陽の昇りを教える成就でもある。

あとがき

時間の不思議は、誰もが一度は心に懸かった問題であろう。時間はなぜ逆戻りしないのか、なぜワープできないのか、なぜ止められないのか、これらは子ども時代に胸をときめかした悠長で形而上学的な問いかけであった。大人になれば、この問いはいささか様相が異なってくる。いつまでにやらなければならないのか、なぜこんなに速く過ぎ去るのか、取り返す手立てはないものか、と実務的時間への恨みが入り込んでくる。他方で、次第にいろいろな回想が心のより大きな部分を占めるようになってくる。しかし、時間が決定的な重みを持って迫ってくるのは老齢においてであろう。残されたわずかな時間を目の前にして、時への思いは深い溜息と混じり合うようになる。

モモ・ショックというものがあった。ミヒャエル・エンデの『モモ』は確かに人々のあいだに小さなさざ波を立てた。時間をめぐってこんな風に物語ることもできるのか。時間泥棒とはわれわれのことを言っているんだなと多くの人が思ったことであろう。しかしモモの時間は私が考えている時間とは幾分異なるものであった。

時間は人生の重い課題であり、真剣に考えなければならない第一の問いなのに、それを正面から考察した文献は思いの外少ない。私はいずれの哲学者たちの議論にも納得したことがなかった。ゼノンのパラドックスに関する議論も、カントの超越論的時間意識も、ニーチェの永遠回帰の思想も、ハイデガーの実存論的時間性についての誇大な議論も、ベルクソンの映画的手法についてのアイデアも、時間の謎にたいする私の疑問を氷解させるには程遠いものであった。結局、アウグスティヌスが嘆いた、時間とは不可解なものだということばがいつまでも心のとげとして突き刺さったままであった。

時間そのものとの出会いはじつは誰にでも起こりえることである。「ああ、この今こそ本当の自分なのだ」と思った人は、時間に直面しているのである。人生のあの時が心に鮮やかに蘇り、現在の澱みを抜け出した人は真正の時間にめぐり合っているのだ。時間は人生の体験の深みと一体である。時間とは人生そのものであり、生のカノンであるという思想が私の時間論の原点であり、出発点である。

私が時間論へと向かったもう一つのきっかけは能との出会いであった。それまで西洋哲学にどっぷりと漬かっていた私には、日本中世の文化にふれ、日本的感性を体験することは、アナザーワールドならぬアナザータイムを実感させるに十分であった。異質の時間がここにあると考え始めると、私の時間意識は一挙に展望が広がった。西洋的等速進行的時間は時間の一つの限定にすぎないことに気がついたのである。

私が時間論に思い至ったのは十数年前に遡る。冒頭の瞬間論はそのときにメモしておいたものに基いている。いつか時間についての思索を言葉にしたいと思いつつ歳月が過ぎ去った。そんな折、私の友人の本屋禎子さん（大阪女子短期大学教授）が仙台で主催している生涯教育プロジェクト「孫まで三代私の学びプロジェクト」（略して孫三）で哲学の連続学習講演を行うことになった。本書はそこで話した内容が元になっている。若い諸君を相手にそれこそ時を忘れて議論をしたことは楽しい経験であった。

本書は、私が若いときから親交を結んできた渋谷治美さん（埼玉大学教授）が花伝社の平田勝さんと懇意であることを聞き、頼み込んで実現したものである。能を嗜んでいる者にとって花伝社の名前は魅力的である。そのような下心にもかかわらず、快く受け入れていただいたお二人に感謝したい。表紙の能の写真は金春流八十世宗家金春安明師が二〇〇六年に宗家継承披露能で「翁」を舞われた時のものである。掲載を快諾された宗家にお礼を申し上げたい。

仙台郊外の閑居にて　著　者

二〇〇八年早春

太田直道（おおた なおみち）
1946年　大阪府生まれ
1969年　京都大学文学部卒業
1975年　名古屋大学大学院文学研究科博士課程単位取得退学
1975年　名古屋大学文学部助手
　現在　宮城教育大学教授
著書
『現代のための哲学1 人間』（共著、青木書店、1981年）
『「豊かな日本」の病理』（共著、青木書店、1981年）
『精神の描きかた——「足もと哲学への誘い」』（青木書店、1999年）
『揺れる子どもの心』（三学出版、1999年）
『カントの人間哲学』（晃洋書房、2005年）
『生き方の道徳教育——現代道徳哲学二十講』（三学出版、2008年）

人間の時間——時間の美学試論

2008年3月25日　初版第1刷発行

著者　　太田直道
発行者　平田　勝
発行　　花伝社
発売　　共栄書房
〒101-0065　東京都千代田区西神田2-7-6 川合ビル
電話　　03-3263-3813
FAX　　03-3239-8272
E-mail　kadensha@muf.biglobe.ne.jp
URL　　http://kadensha.net
振替　　00140-6-59661
装幀　　渡辺美知子
印刷・製本　中央精版印刷株式会社

ISBN978-4-7634-0515-9 C0010